KLARTEXT

Bildnachweis:
Imago Images: S. 4/5: ZUMA Wire, S. 22, S. 16: ZUMA/Keystone, S. 39: LFI, S. 29: Allstar, S. 30, S. 36: Everett Collection, S. 33: Media Punch, S. 76/77: Imaginechina-Tuchong; Picture alliance: S. 15: Everett Collection/CSU Archives, S. 25: empics/Yui Mok, S. 41: dpa/Georgios Kefalas, S. 49: dpa/epa Andy Rain, S. 56: AP Photo/Mark J. Terril, S. 69: AP Photo/Rusty Kennedy, S. 81: REUTERS/Mark Cardwell, S. 97: Associated Press/Uwe Lein.
Alle anderen Abbildungen stammen aus dem Archiv von Alex Gernandt.

Bibliografische Information der Deutschen Nationalbibliothek
Die Deutsche Nationalbibliothek verzeichnet diese Publikation in der Deutschen Nationalbibliografie; detaillierte bibliografische Daten sind im Internet über portal.dnb.de abrufbar.

Impressum
1. Auflage Oktober 2022
Layout und Satz: Guido Klütsch
Lektorat: Sarah Meyer-Dietrich
Umschlagabbildungen: Adobe/Marty Kropp (Sonnenblume), Adobe/Mathias Weil (Erdkugel), pa/dpa/Julien´s Auctions (Handschuh), pa/dpa/Hannibal Hanschke (Hut), pa/dpa/Kalaene Jens (MJ), https://commons.wikimedia.org/w/index.php?curid=29935775 (Silhouette)
Autorenfoto Umschlagklappe: pa/dpa/Matthias Balk
Druck & Bindung: Linsen Druckcenter GmbH, Siemensstraße 12-14, 47533 Kleve

ISBN 978-3-8375-2485-7

KLARTEXT

Jakob Funke Medien Beteiligungs GmbH & Co. KG
Jakob-Funke-Platz 1, 45127 Essen
info.klartext@funkemedien.de
www.klartext-verlag.de

Alex Gernandt

MICHAEL JACKSON

**Populäre Irrtümer
und andere Wahrheiten**

Inhalt

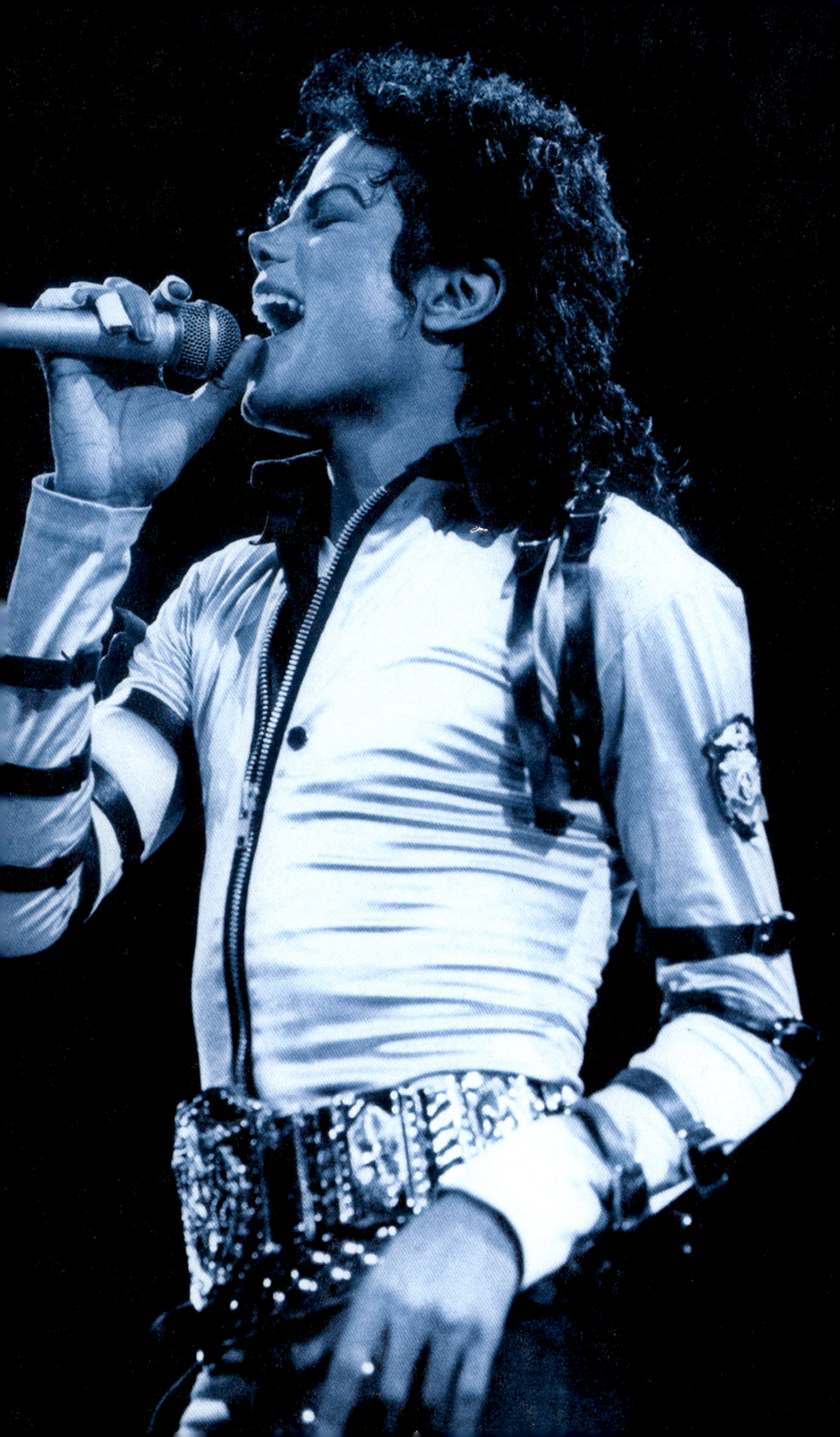

Zum Geleit

„I want to hear them scream for miles!" – die Fans meilenweit schreien hören vor Begeisterung, das war das erklärte Ziel von Michael Jackson, des wohl außergewöhnlichsten, begnadetsten Entertainers unserer Zeit. Ein Phänomen: Aufgewachsen in schlichten Verhältnissen, vom Vater erbarmungslos gedrillt zum Ausnahmekünstler. Die Folge: Weltruhm – und seelische Wunden. MJ will nur singen, tanzen, Menschen bewegen. Nie Dagewesenes schaffen! Er schreibt Pop-Geschichte: meistverkauftes Album aller Zeiten („Thriller"). Drei ausverkaufte Welt-Tourneen. Erster schwarzer Künstler im weißen Musikfernsehen und im Weißen Haus. Die meisten Awards, unzählige Einträge ins Guiness-Buch der Rekorde, auch die höchsten Spendensummen. Michael ist Philanthrop, er zeigt Herz für Bedürftige, hilft mit seiner „Heal The World"-Stiftung immer wieder tatkräftig. Mit den Erfolgen steigt der Druck, MJ wird überall erkannt, von Paparazzi verfolgt. Sein Leben – eine emotionale Achterbahnfahrt. Irgendwann werden Kinder seine Freunde. Der „Peter Pan des Pop" will seine (nie erlebte) Kindheit nachholen. Für manche wird er zum Rätsel, polarisiert. Er verändert sich optisch, erklärt sich nie. Dann der Schock: Vorwurf des Kindesmissbrauchs! Bewiesen wird in den vier Fällen trotz eingehender Ermittlungen nichts, die Ankläger verstricken sich gar in Widersprüche, Jackson beteuert vehement seine Unschuld. 2005 Freispruch vor Gericht in allen Punkten. Doch ein Schatten bleibt. MJ, den Tochter Paris best Daddy nennt, stirbt tragisch mit nur 50 Jahren, kurz vor seinem Comeback.

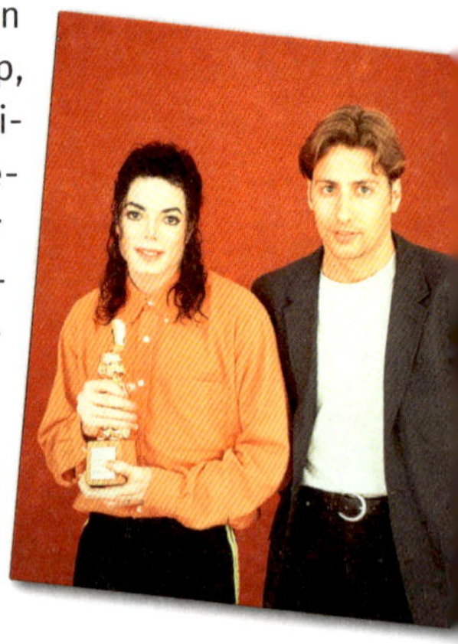

Als Reporter für BRAVO begleitete ich Jackson über Jahre, traf ihn 16 Mal in aller Welt. Eine spannende Zeit. Ich erlebe ihn als höflichen, zuvorkommenden, vielseitig interessierten Menschen – und als überraschend bescheiden. Ich sehe ihn als ambivalente Persönlichkeit, Mann und Kind zugleich – nicht von dieser Welt und dann wieder ganz down to earth, ein „unfassbarer" Künstler im wahrsten Sinne des Wortes. Dieses Buch ist seinen Fans gewidmet und allen Interessierten. Keine Biographie, kein Psychogramm, sondern eine Sammlung von Erlebnissen aus der Karriere dieses so bedeutenden und schillernden, aber auch tragischen, immer wieder missverstandenen und bis heute oft verkannten Popstars. Der Begriff Pop-Ikone trifft auf ihn nicht zu. MJ ist und bleibt ein Solitär. Einzigartig. Der „King of Pop".

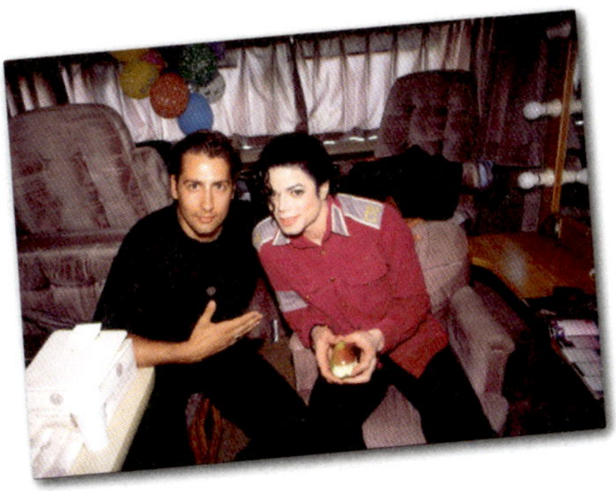

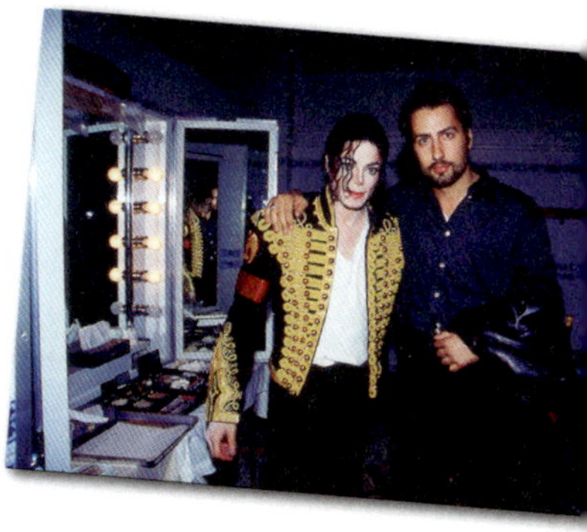

Alex Gernandt mit MJ in Istanbul (1993), Budapest (1994) und Tunis (1996)

Zahlen & Fakten

11 Jahre und **155 Tage** ist Michael, als er am 31. Januar 1970 mit den Jackson 5 und „I Want You Back“ die US-Charts toppt – als jüngster Sänger, der je einen Nr.-1-Hit in den USA landete.

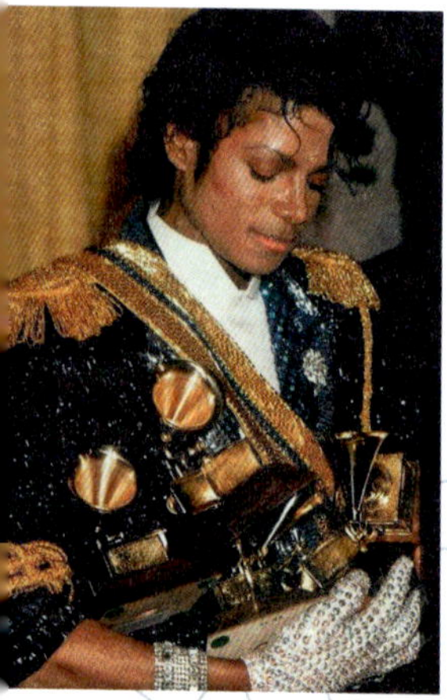

120 Millionen Mal verkaufte sich das Album „Thriller“, das am 30. November 1982 erschien, bis heute. Es ist das mit Abstand erfolgreichste Studioalbum aller Zeiten. **37 Wochen** stand das Werk auf Platz 1 der US-Billboard-Charts!

8 Grammys gewann MJ bei der Verleihung 1984 – sieben für „Thriller“ und einen für seine Sprechrolle im „E.T. the Extra-Terrestrial“-Storybook.

3 US-Präsidenten empfingen MJ: 1984 lud ihn Ronald Reagan als ersten schwarzen Künstler ins Weiße Haus ein, George Bush Sr. ehrte ihn 1990 als „Entertainer des Jahrzehnts“ und 1992 sang MJ bei der Inaugurationsfeier von Bill Clinton.

Über 400 Millionen US-Dollar hat MJ zeitlebens für Charity und gute Zwecke gespendet. Laut Guinness-Buch der Rekorde ist er somit der spendabelste Künstler der Popgeschichte.

9 der 11 Songs auf „Bad“ hat Michael Jackson selbst komponiert – alle, außer „Just Good Friends“ (Duett mit Stevie Wonder) und „Man In The Mirror“.

17 Millionen US-Dollar zahlte MJ 1988 für seine Neverland Ranch bei Los Olivos, Kalifornien.

Über 1000 wichtige Awards gewann MJ in seiner Karriere.

12 Millionen US-Dollar verdiente Michael Jackson im März 1988 mit vier Pepsi-Werbespots.

13 Nr.-1-Hits landete Michael als Soloartist in den USA: von „Ben" (1972) über „Black Or White" bis „You Are Not Alone". „Earth Song" (1995) und „They Don't Care About Us" (1996) waren MJ-Nr.-1-Erfolge in Deutschland. **18 seiner Songs** erreichten die Top 10.

5 Nr.-1-Alben hatte MJ in Deutschland: „Thriller", „Bad" (1987), „Dangerous" (1991), „HIStory – Past, Present And Future – Book I" (1995) und „Invincible" (2001).

17,86 Millionen Menschen sahen MJs spektakuläre Performance von „Earth Song" und „Dangerous" am 4. November 1995 bei „Wetten, dass ...?"

8 % der weltweiten Internet-Suchanfragen betrafen laut Nielsen BuzzMetrics am 25. Juni 2009 – dem Todestag des „King of Pop" – Michael Jackson. Zum Vergleich: Barack Obama erreichte am Tag seiner Amtseinführung 5,5 %.

504.000 Zuschauer kamen 1988 zu **7 ausverkauften MJ-Shows** ins Londoner Wembley-Stadion. Rekord!

1 Million Tickets wurden 2009 für die 50 geplanten „This Is It"-Comeback-Konzerte in der Londoner O2-Arena verkauft.

1,6 Millionen Ticketanfragen gab es zu MJs Trauerfeier am 7. Juli 2009 im Staples Center (11.000 Plätze) in L.A.

1 Milliarde Tonträger hat MJ (inkl. Jackson 5) verkauft. Damit ist er in einer Liga mit Elvis Presley und The Beatles.

We are Family

Michael und seine Großfamilie – die erfolgreichste im Show-Business! Einst zogen sie aus von Gary, Indiana, um die Popwelt zu erobern. Hier die wichtigsten Jacksons ...

Katherine Jackson, geboren am 4. Mai 1930 in Alabama, gehört den Zeugen Jehovas an. Zu Sohn Michael hatte sie ein besonders inniges Verhältnis. Sie lebt noch immer auf dem Hayvenhurst-Anwesen der Familie in Encino, Kalifornien, und hat das Sorgerecht für MJs drei Kinder.

Joseph Walter Jackson, kurz Joe, geboren am 26. Juli 1928 in Arkansas, war Oberhaupt und Manager der Jackson-Family. Durch seinen überharten Drill wurden die Jackson 5 perfekte Entertainer – zu einem hohen Preis: Besonders bei Michael blieben seelische Wunden. Joe Jackson starb am 27. Juli 2018 in Las Vegas.

Janet Damita Jo Jackson, geboren am 16. Mai 1966, Michaels erklärte Lieblingsschwester und Vertraute. Nach MJ mit Abstand erfolgreichster Solostar der Familie: fünffache Grammy-Gewinnerin, 160 Millionen verkaufte Tonträger, Hits wie „That's The Way Love Goes", „If", „Again". Legendär: „Scream", ihr Duett mit Bruder Michael samt Sci-Fi-Video (1995).

Jermaine LaJuane Jackson, geboren am 11. Dezember 1954, landete nach seiner Karriere mit den Jackson 5 nur einen einzigen Nr.-1-Hit: „When The Rain Begins To Fall", ein Duett mit Pia Zadora 1984. Floppte mit einer „Jackson 4"-Comeback-Tour drei Jahre nach Michaels Tod.

Tito Jackson, geboren am 15. Oktober 1953 als Toriano Adaryll Jackson. Gitarrist der Jacksons. Seine Söhne Taj, TJ, und Taryll gründeten Mitte der 1990er die Band 3T (Hits: „I Need You", „Anything"), sangen mit Onkel Michael die Ballade „Why".

Marlon David Jackson, geboren am 12. März 1957. Zwillingsbruder Brandon starb kurz nach der Geburt. Marlon war Mitglied der Jackson 5 und stand MJ sehr nahe. Hielt eine bewegende Rede bei der Trauerfeier („Bitte umarme unseren Bruder, meinen Zwillingsbruder für mich!"). Arbeitet heute als TV-Unternehmer.

La Toya Yvonne Jackson, geboren am 29. Mai 1956, sang mit Janet bei MJs „Thriller"-Song „P.Y.T." im Chor, konnte aber nie an Janets oder MJs Erfolge heranreichen. Enfant terrible der Jacksons: Ließ sich nackt im Playboy ablichten, fiel ihrem berühmten Bruder in den Rücken, schockte die Familie mit ihrer Autobiografie.

Prince Michael Jackson Jr., geboren am 13. Februar 1997 in Beverly Hills, ältester Sohn von MJ aus der Beziehung mit Arzthelferin Deborah „Debbie" Jeanne Rowe. Heute ist er Moderator, Regisseur und Drehbuchautor und kümmert sich um Charity-Projekte („Heal Los Angeles"), ganz im Sinne seines Vaters.

Paris-Michael Katherine Jackson, geboren am 3. April 1998 in Beverly Hills, ist die Tochter des „King of Pop" und Debbie Rowe. Sie wurde nach der französischen Hauptstadt benannt, in der sie gezeugt wurde. Paris litt am meisten unter dem frühen Tod des Vaters. Heute ist sie als Model (Vogue), Musikerin (The Soundflowers) und Schauspielerin („Gringo") erfolgreich.

Prince Michael Joseph Jackson II, früher „Blanket", heute „Bigi" genannt, geboren am 21. Februar 2002 in La Mesa, Kalifornien. Er war es, den Vater Michael 2002 aus dem Hotelfenster im 5. Stock des Adlon in Berlin hielt, um ihn den Fans auf der Straße zu zeigen (was MJ später bereute). Über ihn ist am wenigsten bekannt, auch nicht, wer seine leibliche Mutter ist. Sein Taufpate ist Macaulay Culkin. Heute setzt sich „Bigi" für Klimaschutz ein.

Jackson Street bis Neverland

In einem bescheidenen Holzhaus in Gary, Indiana, kommt 1958 ein Junge zur Welt, der als „King of Pop" in die Geschichte eingehen wird.

Gary, eine graue Stahlstadt am südlichen Ende des Michigansees, nahe der Metropole Chicago. Hier erblickt am 29. August 1958 Michael Joseph Jackson das Licht der Welt. Die Anfänge sind alles andere als vielversprechend, die Jacksons leben am Existenzminimum. Vater Joseph, genannt Joe, arbeitet als Kranführer im Stahlwerk, Mutter Katherine ist Verkäuferin. Das Ehepaar hat sechs Söhne und drei Töchter. Zu elft leben sie in einem schlichten Holzhaus, Adresse: 2300 Jackson Street – benannt nach Andrew Jackson, dem 7. Präsidenten der USA. 1964 gründen Jackie (Michaels ältester Bruder), Tito und Jermaine die Band Jackson Brothers, 1966 stoßen Marlon und Michael, damals acht, dazu. Sie werden die Jackson 5, inspiriert durch den Soul von James Brown, Jackie Wilson, den Temptations. Patriarch Joe, nebenbei Musiker bei The Falcons, drillt seine Jungs, besonders Michael, den Talentiertesten, das Wunderkind. Die J5 gewinnen bald Talentwettbewerbe, sogar im legendären Apollo Theater in Harlem. Es folgt ein erster Plattenvertrag beim lokalen Label Steeltown Records.

Immer im Mittelpunkt: Michael. Es ist eine Erwachsenenwelt, in der er aufwächst. Eine normale Kindheit sieht anders aus. Er darf keine gleichaltrigen Freunde haben, nie auf den Spielplatz, Geburtstage werden nicht gefeiert, er muss arbeiten. Funktioniert er nicht, schlägt der Vater zu. Die körperliche Gewalt hinterlässt seelische Wunden. Michael merkt bald, dass die ungeteilte Aufmerksamkeit immer nur dem Sieger zuteil wird. Man muss also gewinnen, der Beste sein. Dafür kämpft Michael mit allem, was er hat. Bis spät in die Nacht singt er mit seinen älteren Brüdern in verrauchten Clubs, unterhält die Leute, wird belohnt mit Applaus, ein Ersatz für Liebe.

Auch später macht er eisern weiter, immer vom Ehrgeiz gepackt, etwas Besonderes zu schaffen. Doch all der Ruhm und das Geld können nicht kompensieren, was in seiner Jugend verloren ging. Er beschließt wie aus Trotz, der „Peter Pan des Pop" zu werden, nie zu altern, der ewige Junge zu bleiben. Viele können das nicht nachvollziehen. Auf sie wirkt er exzentrisch, weltfremd. Mit 30 schafft sich Michael, jetzt Weltstar, ein Refugium: Neverland. Weit weg von Hollywood, den grellen Blitzlichtern der Paparazzi, den Verführungen des Showbiz. Er will seine Kindheit nachholen, mit Karussells, Privatzoo, Kino, Popcornmaschinen. Er umgibt sich mit Kindern, die Freunde werden, begegnet ihnen auf Augenhöhe. Auf Außenstehende wirkt das mitunter befremdlich. Später soll ihm dieser Umgang zum Verhängnis werden. 2005 kommt es zu einem Prozess. Der Vorwurf: Kindesmissbrauch. Doch MJ wird in allen Punkten freigesprochen. Trotz intensivster Ermittlungen, u. a. einer FBI-Durchsuchung von Neverland, werden keinerlei Beweise gegen ihn aufgebracht. MJ, seine Familie und Millionen Fans atmen auf. Dennoch bleibt ein dunkler Schatten, der auf ihm, dem Humanitarian und Vater dreier Kinder, bis zum tragischen Ende liegt.

In seinem Traumreich Neverland steht ein „Giving Tree", er inspiriert Michael, der als Kind nie auf Bäume klettern durfte. Dort fallen ihm neue Melodien ein: „Heal The World". „Will You Be There". Und „Childhood". In dieser Ballade versucht er, die traumatischen Erlebnisse seiner Kindheit zu verarbeiten und sich zu erklären: *„People say I'm not okay/ cause I love such elementary things/ It's been my fate to compensate/ for the childhood I've never known .../ Have you seen my childhood?/ I'm searching for that wonder in my youth ..." Und weiter: „Before you judge me, try hard to love me, look within your heart then ask: Have you seen my childhood?"*

Diana Ross, Entdeckerin?

Diana Ross, Sängerin der Supremes und Motown-Superstar, spielt eine wichtige Rolle zu Beginn der Karriere von Michael und den Jackson 5. In der öffentlichen Wahrnehmung gilt sie gar als deren Entdeckerin.

In den 1960ern ist Diana, geboren 1944, ein gefeierter Star mit Hits wie „Where Did Our Love Go“ oder „Baby Love“. Unter Vertrag bei Motown, jenem legendären Label für Soul und R&B, 1959 gegründet von Visionär Berry Gordy in der Autostadt Detroit (daher: Motown, von Motortown). Motown ist mehr als ein Label: Hier werden Talente zu kommerziellen Markenprodukten geformt, sie bekommen Gesangs-, Sprech-, Tanz- und Interview-Training, sogar Hilfe in puncto Etikette. Eine Hitfabrik, die Stars wie Smokey Robinson, Marvin Gaye, Stevie Wonder und eben die Supremes hervorbringt.

Dank Motown nimmt auch die Karriere der Jackson 5 an Fahrt auf. Ihre ersten Singles „Big Boy“ und „We Don't Have To Be Over 21 (To Fall In Love)“ erschienen bei der kleinen Plattenfirma Steeltown Records, ohne Erfolg. Im Sommer 1968 treten J5 im Vorprogramm der Band The Vancouvers (mit Tommy Chong, später Teil des Komikerduos Cheech & Chong) im Regal Theater in Chicago auf. Sänger Bobby Taylor († 2017), ein *Motown recording* artist, ist restlos begeistert und berichtet umgehend den Motown-Managern von den Jackson-Brüdern. Daraufhin findet am 23. Juli 1968 eine Audition im Headquarter der Plattenfirma in der Woodward Avenue in Detroit statt. Berry Gordy will nach „Little Stevie Wonder“, zu Karrierebeginn 12, eigentlich keinen weiteren „Kinder-Act“ unter Vertrag nehmen, aber nachdem er die Jackson 5 singen hört, macht er eine

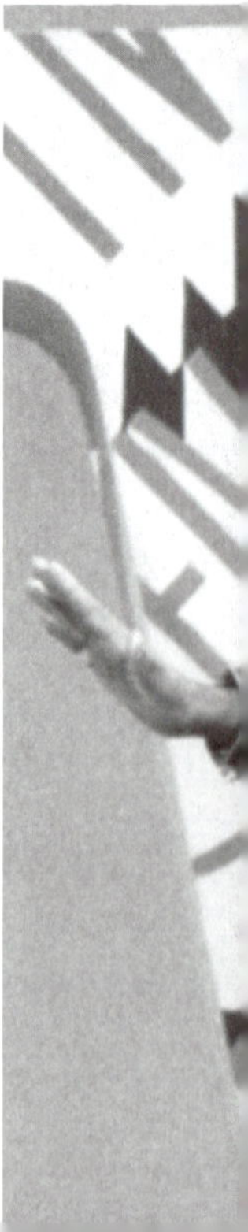

Ausnahme. Am 26. Juli 1968 kommt es im Beisein von Vater Joe Jackson zur Vertragsunterzeichnung. Weil Gordy mit den ersten Aufnahmen in den „Hitsville U.S.A."-Studios in Detroit nicht zufrieden ist, engagiert er das Songwriterteam „The Corporation", das den J5 neue Lieder schreibt. Und um mehr Aufmerksamkeit zu erregen, hat PR-Managerin Suzanne DePasse die zündende Idee, Diana Ross in den Medien als Entdeckerin der J5 zu etablieren. Das Debütalbum bekommt den Titel „Diana Ross Presents the Jackson 5" – mit ihrem berühmten Namen als „Gütesiegel". Am 14. Oktober 1969 lässt Diana die fünf in ihrer TV-Show vor einem Millionenpublikum auftreten. Die Jungs begeistern und schaffen eine Sensation: Nicht nur ihre erste Motown-Single „I Want You Back" wird zur Nr. 1 in den USA, sondern auch die folgenden: „ABC", „The Love You Save" und „I'll Be There"! Doch Bobby Taylor ist es, dem Michael und seine Brüder den Motown-Deal verdanken.

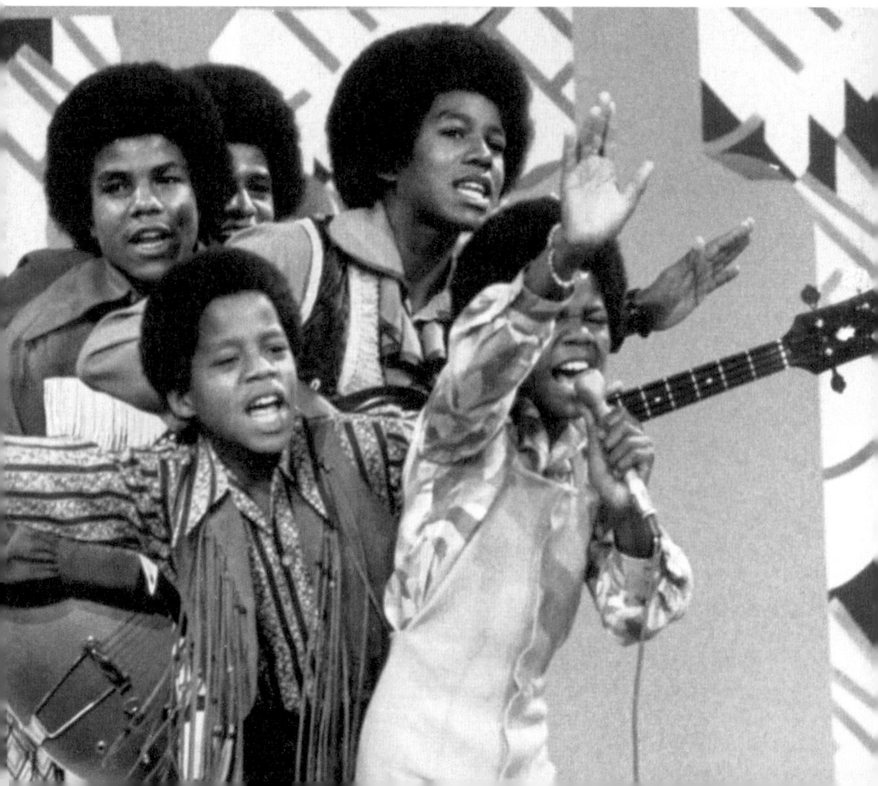

AHA!

Future King trifft Queen!

Der Tod von Queen Elizabeth II. im September 2022 bewegte die Welt. Michael, der künftige „King of Pop", hatte seine ganz eigene Story mit der Queen: Im Mai 1977 darf er mit den Jackson 5 vor der Königin auftreten!

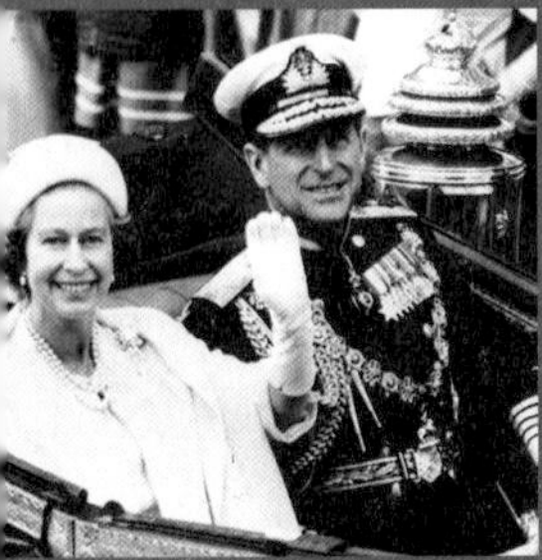

Die „Royal Command Performance" zu Ehren ihres 25. Thronjubiläums fand im altehrwürdigen King's Theatre in Glasgow statt. Michael sagte damals in einem Interview, dies sei eine der größten Ehren seines Lebens gewesen: „Während unserer Europatournee durften wir in Glasgow für die Queen von England und ihren Ehemann Prinz Philip, Duke of Edinburgh, performen. Fünf Jahre zuvor hatten wir schon mal die Ehre, für die Mutter der Königin zu singen. Jetzt wurden wir wieder eingeladen. Nach unserem Auftritt trafen wir die Königin hinter der Bühne. Sie trug ihre Krone, ein pinkfarbenes Seidenkleid und kostbaren Schmuck, Perlen, Rubine und Diamanten. Sie fragte, ob wir eigens gekommen seien, um für sie zu singen. Wir antworteten: Ja! Sie wollte wissen, ob wir alle Brüder seien und wohin wir als nächstes gehen. London, sagten wir. Sie meinte, unsere Show habe ihr viel Spaß gemacht. Auch ihr Mann, Prinz Philip, interessierte sich für uns. Er wollte wissen, ob wir das musikalische Talent von unseren Eltern geerbt hätten. Wir erzählten ihm, dass unsere Mutter Klarinette spielte und unser Vater früher in einer lokalen Band namens The Falcons sang. Später sagten uns die Produzenten der Jubiläumsshow, dass die Queen während unserer Performance etwas tat, was sie sonst niemals macht: Sie klatschte mit und nickte mit dem Kopf zum Rhythmus. Das war schön zu hören. Ich bin sehr froh, dass der Königin unsere Show gefallen hat." Am 8. September 2022 verstarb die Queen im Alter von 96 Jahren auf Schloß Balmoral in Schottland.

I like Chopin

Michael Jackson war ein begnadeter Sänger und Tänzer. Von vielen wird er – im Gegensatz zu Prince etwa – aber bis heute nicht als Musiker wahrgenommen. Zu Unrecht.

MJ umgab sich gern mit Musikern, natürlich nur mit den besten ihres Fachs: Paul McCartney, Mick Jagger, Stevie Wonder, Freddie Mercury, Eddie Van Halen, Steve Lukather und seine Toto-Mitstreiter, Steve Stevens, Jennifer Batten, Carlos Santana oder Slash von Guns N' Roses. Was viele nicht wissen: Er war selbst ein großartiger Musiker, hatte Rhythmus im Blut und ein untrügliches Gespür für Melodien, obwohl er doch immer eher als Sänger und Tänzer wahrgenommen wurde. Dabei spielte MJ nicht nur Synthesizer, sondern auch virtuos Klavier, er beherrschte Partituren von klassischen Komponisten wie Frédéric Chopin, Claude Debussy, Pjotr Tschaikowsky. „Wenn ich noch mit einem Musiker zusammenarbeiten könnte, dann würde ich Debussy wählen", sagte er einst. „Schon als Kind habe ich die Werke von ihm und Tschaikowsky studiert." Im Salon von MJs Haus auf Neverland stand ein Steinway-Flügel, auf dem er oft und gerne spielte. Und 1984, während seines Besuchs bei Präsident Ronald Reagan, setzte er sich im Weißen Haus kurz ans Grand Piano und gab ein Intermezzo.

Jahre später regte ich bei einem Treffen mit Michael an, er solle sich doch auch auf der Bühne bei seinen Konzerten mal ans Klavier setzen – so wie es Queen-Frontmann Freddie Mercury bei seinem Meisterwerk „Bohemian Rhapsody" tat. Das würde sein wahres musikalisches Talent in den Fokus rücken. MJ schaute mich an und entgegnete: „*No way!* Dazu bin ich wirklich nicht gut genug!" Ein glatter Trugschluss, denn er war ein musikalisches Genie. Bass und Gitarre brauchte er nicht zu spielen: „Billie Jean", einen seiner legendärsten Hits, komponierte er 1981 nur mit der Stimme, die sein Hauptinstrument war. Die berühmte Bassline des Songs kam aus seinem Mund.

„Meine Musik hat keine Farbe!“

„Off The Wall“ ist Michael Jacksons bahnbrechendes Album, das 1979 erscheint. Der damals 20-Jährige startet nun solo voll durch und setzt mit innovativem Fusion-Sound aus Disco, Funk, R&B und Pop neue Maßstäbe!

Die Geschichte des Erfolgsalbums „Off The Wall“ beginnt mit einem Business-Move: Im Sommer 1975 verkünden die Jackson 5 ihren Wechsel von Motown zu CBS/Epic Records. Hintergrund ist die Tatsache, dass sich Motown-Mastermind Berry Gordy zu viel Mitspracherecht an der künstlerischen Entwicklung seiner Acts vorbehält. Ein Fakt, der besonders den kreativen Freigeist Michael stört. In der Folge des Wechsels – nur Jermaine bleibt bei Motown, weil er mit Gordys Tochter Hazel verheiratet ist – muss sich die Band in The Jacksons umbenennen, weil Gordy die Rechte am Namen Jackson 5 nicht freigibt.

Bei den J5 stand Michael, der Jüngste der fünf, von Beginn an im Mittelpunkt. Das Wunderkind, das mehr Talent besaß als alle anderen zusammen. Gegen Ende der 1970er-Jahre aber will MJ sich von seinen Brüdern emanzipieren. Auch, weil er ihre zunehmende Eifersucht spürt, den Neid auf sein Talent und die Aufmerksamkeit, die ihm zuteil wird. MJ möchte sich aber vor allem künstlerisch weiterentwickeln. Die Jackson 5 sind zwar sehr erfolgreich, Kritiker tun ihre Musik aber als „Bubblegum-Pop“ ab. Michael will als ernsthafter Musiker wahrgenommen werden – und solo im Rampenlicht stehen! Zeitlebens getrieben vom brennenden Ehrgeiz, Großartiges, nie Dagewesenes zu schaffen, arbeitet er so hart wie kaum ein anderer, verlangt sich (und seinen Mitstreitern) alles ab.

Frühjahr 1978. Michael hat einen Masterplan für „Off The Wall“, sein erstes Soloalbum bei CBS/Epic Records (insgesamt bereits sein fünftes!). Er sucht sich hochkarätige Kollaborateure, die ihn bei der Verwirklichung unterstützen. Dazu gehört Top-Produzent

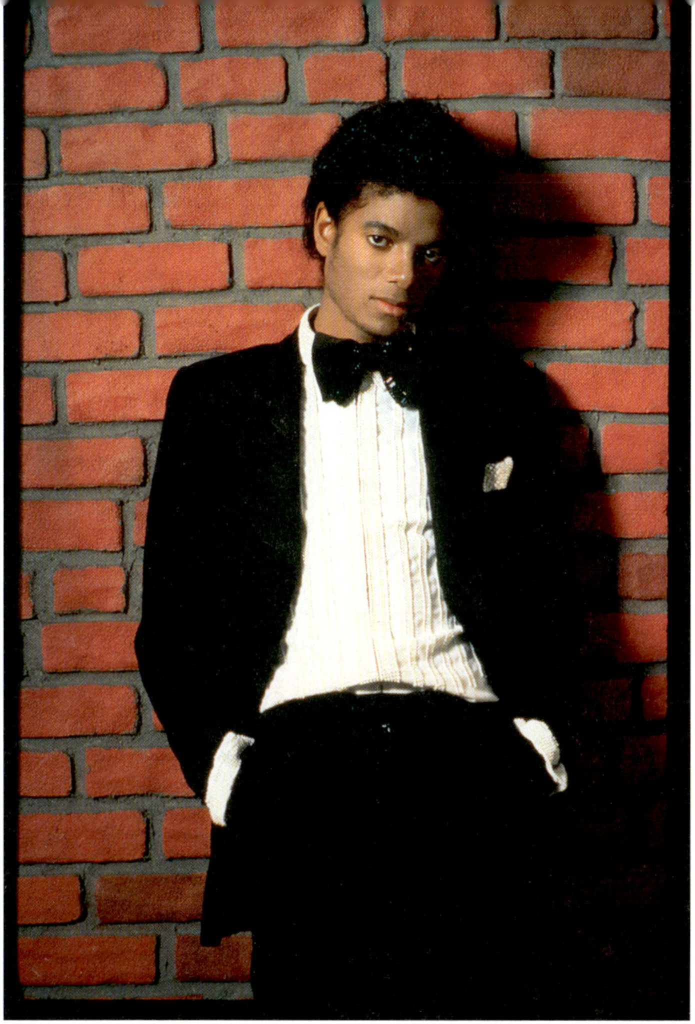

Quincy Jones. Bei der Plattenfirma ist man anfangs skeptisch. Der damals 45-Jährige gilt als zu jazzorientiert und nicht zeitgemäß für einen jungen, aufstrebenden Artist. Man hätte lieber Hit-Produzenten wie Maurice White von Earth, Wind & Fire engagiert. Oder das Philly-Soul-Dreamteam Gamble & Huff, das bereits mit den Jacksons gearbeitet hat. Doch Michael setzt sich durch, Quincy wird sein Produzent!

MJ bittet auch ganz selbstbewusst Superstars um Unterstützung. Stevie Wonder steuert den Track „I Can't Help It" bei.

Beatles-Legende Paul McCartney komponiert „Girlfriend", ursprünglich sogar als Titel des Albums geplant. Noch entscheidender für MJs Karriere ist jedoch der bis dahin relativ unbekannte britische Musiker und Songwriter Rodney Lynn Temperton, Keyboarder bei der Funkband Heatwave. Er wird Michael von Quincy Jones vorgestellt. Und ausgerechnet Rod, ein weißer Brite, bringt den *funky groove*, der die von ihm komponierten Tracks „Rock With You", „Burn This Disco Out" und den Titelsong „Off The Wall" ausmacht! Der Chorus von „Off The Wall" (dt.: „unkonventionell") ist Programm: *„So tonight, gotta leave that 9-to-5 upon the shelf/ And just enjoy yourself/ Groove ... Let the madness in the music get to you/ Life ain't so bad at all/ If you live it off the wall ..."* Sinngemäß: Vergiss mal deinen Job und die Sorgen, amüsiere dich einfach und hab Spaß mit der Musik ...

Ab dem 4. Dezember 1978 heißt es dann: Showtime! Ein halbes Jahr lang, bis zum 3. Juni 1979, wird „Off The Wall" unter der Regie von Quincy Jones und Soundengineer Bruce Swedien in den Zentz Recording Studios, im Westlake Audio und den Cherokee Studios in Los Angeles aufgenommen. Von den insgesamt zehn Tracks stammen immerhin drei aus Michaels Feder: die supergroovige erste Singleauskopplung „Don't Stop 'Til You Get Enough", die noch heute jeden Dancefloor zum Beben bringt, „Working Day And Night" sowie „Get On The Floor".

Für die Dreharbeiten zu „The Wiz", einer modernen, afro-amerikanischen Verfilmung von „Der Zauberer von Oz", zieht MJ für einige Monate nach New York City und wird Stammgast im legendären Studio 54 in Manhattan. Mitten in der Hochzeit der Disco-Ära. Das „Saturday Night Fever" ist ausgebrochen, die Bee Gees sind die angesagteste Band der Welt. Im Studio 54, dessen Vorbild die Münchener Disco Blow Up war, 1967 der erste Großraumclub der Welt, verkehrt die Prominenz: Mick Jagger, Cher, Andy Warhol, David Bowie, Liza Minnelli. MJ beobachtet aufmerksam, worauf die Tanzenden auf dem Dancefloor abgehen – und lässt sich vom pulsierenden, funky Disco-Sound inspirieren. Doch „Off The Wall" ist viel mehr als eine Disco-Platte. Durch eine nie dagewesene Fusion aus Funk und Philly-Soul, Disco-Sound, R&B und Pop wird das Album zum ersten Crossover-Werk der Pop-Geschichte und mit auf Anhieb fünf Millionen verkauften Einheiten in den USA das bis dahin erfolgreichste Album eines schwarzen Künstlers. Die Vielfalt an musikalischen Einflüssen überwindet auch erstmals Rassengrenzen: „Meine Musik hat keine Farbe", sagt Michael Jackson damals.

Er beginnt, Rekorde zu brechen: Die Singles „Don't Stop 'Til You Get Enough" und „Rock With You" werden US-Nr.-1-Hits. Die weiteren Auskopplungen „She's Out Of My Life" (ursprünglich für Frank Sinatra gedacht!), bei deren emotionaler Aufnahme Michael in Tränen ausbricht, sowie „Off The Wall" entern die Top-Ten. Das hat in den USA bis dahin kein Künstler geschafft. Am Ende gewinnt Michael sogar einen Grammy. Was ihm, dem Überehrgeizigen, aber noch zu wenig ist. Da muss mehr kommen ...

Anfang der 1980er-Jahre avanciert MJ mit „Off The Wall" zum internationalen Megastar. Das Album entwickelt sich zu einem epochalen Werk, mit dem sich Michael den Weg ebnet für den sprichwörtlichen „Thriller", der bald darauf folgen wird.

Die spannende Zeit des Wandels in Jacksons Karriere hat der renommierte Filmregisseur Spike Lee („Malcolm X", „Do The Right Thing"), in der Dokumentation „Michael Jackson's Journey From Motown To Off The Wall" festgehalten. Lee, der mit MJ u. a. 1996 das spektakuläre Video zu „They Don't Care About Us" drehte, zeigt darin zuvor unveröffentlichtes Material, das zum Teil aus Michaels persönlichen Archiven stammt, plus Interviews mit Musikern wie Pharrell Williams, John Legend, Mark Ronson, Questlove (The Roots) und David Byrne (Talking Heads) sowie Mitgliedern der Jackson-Familie.

MJs Sound wurde unüberhörbar zum Einfluss für unzählige zeitgenössische Artists wie Beyoncé, Usher, Justin Timberlake, Bruno Mars, Pharrell Williams, Mary J. Blige, Kendrick Lamar, The Weeknd und Daft Punk. Sie alle erkennen in Michael Jackson einen visionären Künstler und einzigartigen Entertainer, der mit seiner Musik und Performance die Welt veränderte.

„Ich werde Magie sein“

Michael Jackson hatte eine kristallklare Vision von dem, wer und wie er sein und was er erreichen wollte. Seinem großen ehrgeizigen Ziel, immer die Nummer 1 zu sein, ordnete er alles unter, auch sein Privatleben.

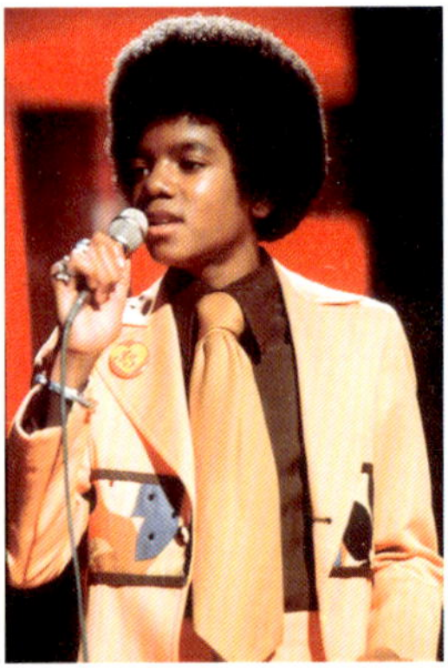

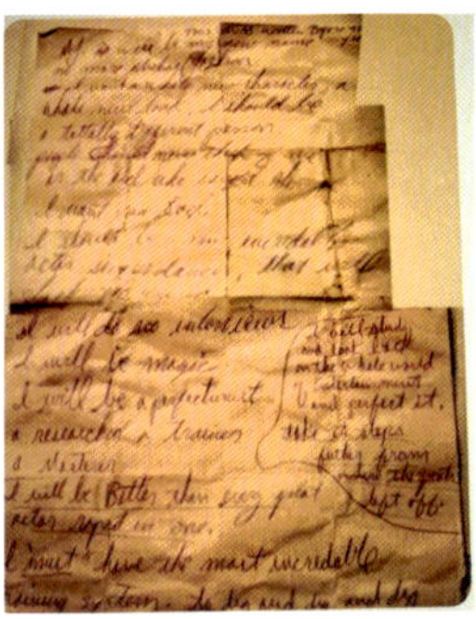

Am 6. November 1979 – keine drei Monate nach Veröffentlichung seines Solo-Albums „Off The Wall“ – kritzelte Michael in seinem Elternhaus in Encino sein Credo auf ein Stück Papier und erfand sich neu.

„MJ wird mein neuer Name sein. Nicht mehr Michael Jackson. Ich will einen neuen Charakter, einen ganz neuen Look. Ich will ein ganz anderer Mensch sein. Nicht der Junge, der einst ‚ABC‘ und ‚I Want You Back‘ sang. Ich will ein unglaublicher Schauspieler, Sänger und Tänzer sein, der die ganze Welt schocken wird. Ich werde keine Interviews geben, ich werde Magie sein, ein Perfektionist, ein Suchender, ein Trainer, ein Meister. Ich will besser sein als jeder große Schauspieler. Ich muss das beste Trainingssystem haben. Suchen und suchen und suchen, bis ich es finde. Ich werde studieren und auf die gesamte Entertainment-Welt blicken – und sie perfektionieren! Ich werde sie weiterbringen, noch weiter als es die Größten bisher geschafft haben …“

Diesen großen Worten ließ MJ große Taten folgen – und wurde schließlich zum „King of Pop“.

AHA!

Tränen bei „Thriller"

Das Album „Thriller" ist das Meisterwerk von Michael Jackson. Für die Popmusik nicht weniger wichtig als Rembrandts „Nachtwache" oder Da Vincis „Mona Lisa" für die Malerei. Doch als MJ „Thriller" zum ersten Mal hörte, weinte er.

Es ist die wahrscheinlich unglaublichste Geschichte rund um das Mega-Album „Thriller": Bei der ersten Listening-Party im Herbst 1982 in Los Angeles brach Michael im Beisein seiner Plattenmanager in Tränen aus. Nicht etwa vor Glück oder aus Erleichterung, dass es geschafft war, nein, aus Entsetzen! „Der Mix klang einfach nur schrecklich", gestand er später der US-Journalistin Lisa Robinson. Wie bitte? „Thriller" – schrecklich?! Ein Album der Superlative, bei dem neben Co-Produzent MJ die Allerbesten ihres Fach mitarbeiteten: Produzent Quincy Jones, der zuvor tausend erfolgreiche Platten produziert hatte, die Toningenieure Bruce Swedien, Humberto Gatica und Bernie Grundman, dazu Topmusiker wie Gitarrist Steve Lukather, Drummer Jeff Porcaro und Keyboarder David Paich (allesamt von Toto), Sechs-Saiten-Zauberer Eddie Van Halen, Beatles-Legende Paul McCartney, David Foster am Synthesizer, Soul-Sänger James Ingram, Percussionist Paulinho da Costa, Saxofonist Larry Williams, Hollywoodlegende Vincent Price. Was war los? „Ich habe meine Seele, Blut, Schweiß und Tränen in dieses Album gesteckt, wirklich alles gegeben. Aber der Sound klingt beschissen, like crap! Das kann so unmöglich veröffentlicht werden", befand Über-Perfektionist MJ. „*No way*, die Platte muss jetzt erscheinen", keiften die Plattenmanager aufgebracht zurück. Sie glaubten ihren Ohren nicht zu trauen. Doch MJ setzte sich – wie meistens – durch. Schließlich war es sein Name, der auf der Platte stehen würde. Also machte man sich noch einmal an die Arbeit. Jeden Tag wurde ein Track komplett neu abgemischt. Bis Michael restlos zufrieden war. Das Album erschien am 30. November 1982. Das Ergebnis ist bekannt.

AHA!

„Thriller" – Ursprünge in Worms!

„Thriller" zählt zu MJs populärsten Hits. Und hat eine direkte Verbindung zu Worms am Rhein ...

Rod Temperton heißt der umtriebige Brite, der Michael ab Ende der 1970er musikalisch immer wieder unterstützt. 1949 geboren im nordenglischen Seebad Cleethorpes, hat Rod viel Funk im Blut. Schon als Kind hört er begeistert Pop auf Radio Luxemburg und träumt davon, Musiker zu werden. Er soll es bis an die Spitze der US-Charts schaffen, doch bis dahin ist es ein weiter Weg: Zunächst arbeitet der Keyboarder in einer Fischfabrik in Grimsby, hat darauf aber keine große Lust. Mittels Stellenanzeige im Musikblatt Melody Maker verschlägt es Rod in den frühen 1970ern nach Deutschland. Nach einer Station in Ludwigshafen – bei Bassist Fred Wassner, dessen Frau, Sängerin Monica und ihrer Band Monica's Group – landet Rod in der nahegelegenen Nibelungenstadt Worms am Rhein. Dort schließt er sich der Band Sundown Carousel um Gitarrist Bernd Springer an, die Hits von Earth, Wind & Fire, James Brown, Stevie Wonder und Funkadelic nachspielt. Von sich selbst sagt Rod, er sei kein guter Musiker, wohl aber ein guter Komponist. Das wird sich noch bewahrheiten! In Worms lebt er bescheiden in einem kleinen Apartment, mit den Gigs kann er sich gerade so über Wasser halten. Sie finden meist in Clubs der US-Army statt, davon gibt es in der Gegend um Mannheim/Heidelberg jede Menge. Doch Rod, der Ehrgeizige, will weiter. Nächster Schritt: Wechsel zur Disco/Funk-Gruppe Heatwave von Sänger Johnnie Wilder, der als US-Soldat in Germany stationiert ist. Über ein Gastspiel in London zieht die Band nach New York. Mitglieder der bunten Truppe sind neben Rod (Keyboard) und Frontmann Johnnie Wilder dessen Bruder Keith (Gesang), der Brite Roy Carter (Gitarre), der Schweizer Mario Mantese (Bass), der Tscheche Ernest „Bilbo" Berger (Drums) und der Jamaikaner Eric Johns (Gitarre). „„Super

Rod Temperton, hier mit Frau Kathy, lebte früher in Worms

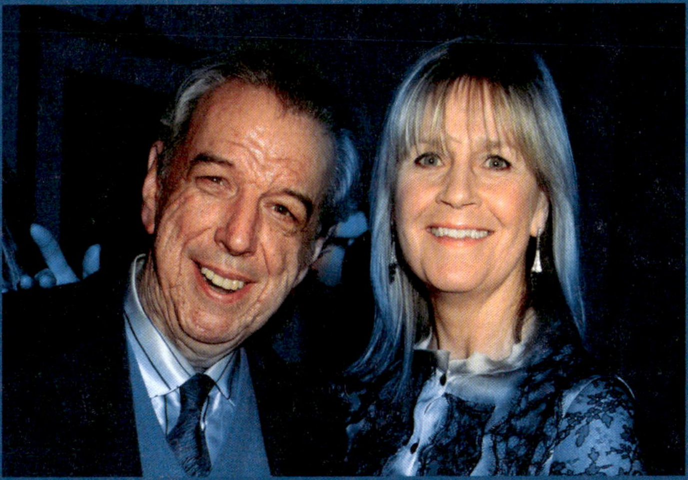

Soul Sister' hieß der erste Song, den ich für Heatwave schrieb", erinnerte sich Rod in einem Interview. In den USA landen sie 1977 mit „Boogie Nights" und „The Groove Line" sensationelle Top-10-Hits. Und so wird kein Geringerer als Quincy Jones auf die Band aufmerksam, besonders auf Songwriter Temperton. Er lädt ihn nach L.A. ein, stellt ihn Michael vor. Rod liefert erste Songs für MJs „Off The Wall"-Album. Klar, dass er auch beim Nachfolger „Thriller" am Start ist! Abermals komponiert er den Titeltrack, der ursprünglich „Starlight" oder „Midnight Man" heißen soll, dazu „Baby Be Mine" und die Liebesballade „The Lady In My Life".

MJs Toningenieur Bruce Swedien († 2020) nannte Rod, der 2016 mit 66 Jahren in London verstarb, den „diszipliniertesten Komponisten, den ich kenne. Jedes Detail hat er immer im Blick!" Temperton komponierte auch Hits für George Benson („Give Me The Night"), The Brothers Johnson („Stomp"), LL Cool J & Boyz II Men („Hey Lover"), dazu Lieder für Donna Summer, Aretha Franklin, Chaka Khan, Mariah Carey. Mit dem Soundtrack zum Film „Die Farbe Lila" wurde er gar für einen Oscar nominiert. Aber alle kennen den Mann, der einst in Worms lebte und den Quincy daher spaßeshalber „Worms" rief (engl.: Würmer), als den Erschaffer von „Thriller".

West Side Story?

In „West Side Story" tanzen zwei rivalisierende Straßengangs – die amerikanischen Jets und die puertoricanischen Sharks – im New York der 1950er-Jahre gegeneinander, bevor die Fäuste fliegen. War der Film- und Musical-Klassiker mit Musik von Leonard Bernstein das große Vorbild für den Clip zu „Beat It", in dem Ähnliches passiert?

„Beat It" ist nach „The Girl Is Mine" und „Billie Jean" die dritte Singleauskopplung aus „Thriller", dem meistverkauften Pop-Album aller Zeiten. Musikalische Grenzen zu überwinden, das war MJs erklärtes Ziel. „Beat it" stellt den ersten harten Rocksong in seinem Repertoire dar. Inspiration zum Vier-Minuten-Song war übrigens der Hit „My Sharona" von The Knack. Die Gitarrenparts in „Beat It" spielte Steve Lukather von Toto ein, doch für das atemberaubende Solo holte Michael keinen geringeren als Eddie Van Halen († 2020) ins Boot. Dessen Plattenfirma untersagte Van Halen jedoch, im Video aufzutreten, weil er damals seine eigenen Hits wie „Jump" promoten sollte.

Ursprünglich war geplant, dass Steve Barron, der Regisseur von „Billie Jean", den Song visuell inszeniert, doch seine Scriptidee wurde abgelehnt. Stattdessen entschied sich Michael für Bob Giraldi, einen angesehenen Werbefilm-Regisseur, der später auch für MJs Pepsi-Werbeclips verantwortlich war. Im Buch „I Want My MTV" erinnert sich Giraldi an den Dreh: „Als wir Locations in Downtown L.A. suchten, fuhr Michael im Van mit. Er wollte alles sehen und mitbestimmen. Zur Mittagszeit sagte ich: Lasst uns eine Pizza essen. MJ, damals 24, war ganz aufgeregt: Oh ja, klasse, ich habe noch nie Pizza gegessen ..."

In dem aufwendigen Videoclip, der im Frühjahr 1983 in den Straßen von Los Angeles mit einem sagenhaften Budget von 200.000 US-Dollar gedreht wird, kommen Michaels große Botschaften durch: Liebe und Respekt sowie Musik und

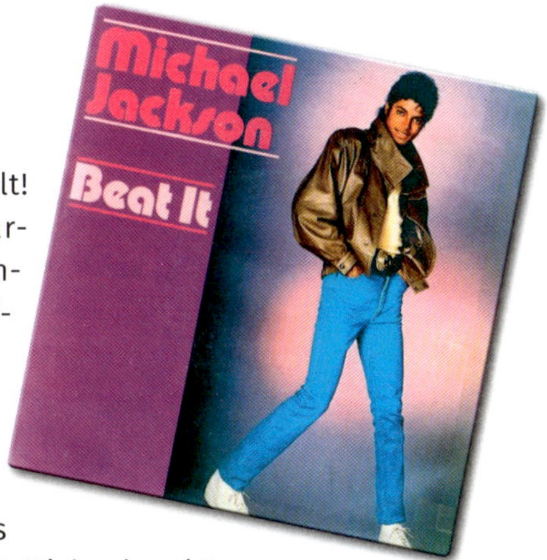

Tanz statt sinnloser Gewalt! Zwei Straßengangs, dargestellt von zum Teil echten „Bloods“- und „Crips“-Members, treffen sich nachts zum Showdown. Anführer der einen Gang ist Michael Peters († 1994), der Chef-Choreograph des Kurzfilms. Dann erscheint Michael, geht mutig dazwischen und schafft es, die Kontrahenten durch die Kraft von Musik und Tanz zu versöhnen. Aus Kämpfern macht der Friedensstifter Tänzer! *„Don't be a macho man“*, sein Appell an die schweren Jungs, ist auch als Seitenhieb gegen seinen gewalttätigen Vater Joseph zu verstehen. Längst legendär und von Boybands zigfach kopiert: die synchrone Gruppen-Choreographie. Die knallrote Lederjacke, Marke J. Parks, die MJ im Clip und später auch bei seinen Konzerten trägt, zählt heute zu den berühmtesten Kleidungsstücken der Pop-Historie. „Jeder wollte damals diese Jacke haben“, erinnert sich Mary J. Blige, als ich sie 1997 interviewe.

Beim Dreh kam es immer wieder zu Reibereien zwischen Filmcrew und Gangmitgliedern, weil die sich nicht gerne rumkommandieren ließen. Doch Michael hatte auf echte Gangster bestanden, der Authentizität wegen. Trotz gewisser Parallelen ist „Beat It“ *nicht* inspiriert von „West Side Story“, dem Kult-Musical aus den 1950er-Jahren. Vielmehr ließ Regisseur Bob Giraldi Erinnerungen an seine harte Jugend an der Eastside von Paterson, New Jersey, ins Video-Script einfließen, wo damals Konflikte zwischen italoamerikanischen Gangs an der Tagesordnung waren. Der spektakuläre „Beat It“-Clip ist heute im Museum Of Modern Art New York in der Galerie für Videokunst zu sehen.

Das Grusical

MJ war der vielleicht Erste, der Anfang der 1980er-Jahre, im anbrechenden MTV-Zeitalter, die Wichtigkeit von Musikvideos erkannte: Pop-Musik wurde plötzlich sichtbar! Mit „Thriller“, einem bahnbrechenden Kurzfilm, erhob er das brandneue Genre zu einer eigenständigen Kunstform.

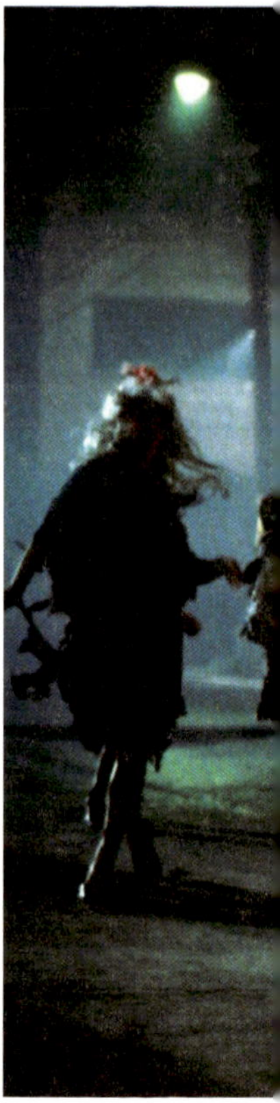

Um seine teils wunderbar wahnwitzigen Ideen perfekt umzusetzen, suchte sich MJ stets die fähigsten Kollaborateure. So auch 1983 bei „Thriller“, dem wohl berühmtesten Popvideo aller Zeiten. Das atemberaubende 13:43-Minuten-Grusical basiert auf dem Horrorfilm „American Werewolf“ von Regie-Genie John Landis („Blues Brothers“). Michael bestand auf Landis als Regisseur für sein Mammutprojekt.

500.000 US-Dollar sollte der Videodreh mit vielen Statisten, aufwendigen Bauten und unglaublichen Spezial-Effekten von Hollywood-As Rick Baker („Star Wars“, „King Kong“) kosten. Um diese astronomische Summe zu kompensieren, hatte Landis die Idee, ein „Making Of Thriller“ zu filmen und parallel als Videokassette zu verkaufen. Das Tape schlug alle Verkaufsrekorde. „Thriller“ war in jeder Hinsicht bahnbrechend: Allein MJs kosmetische Verwandlung in einen Werwolf dauerte täglich fünf (!) Stunden. Baker, Meister seines Fachs, hatte auch bei „American Werewolf“ für die Maske gesorgt.

Blickfang des Clips war – neben MJ und den untoten Ghuls – Playboy-Model Ola Ray. Sie spielte Michaels Date. Doch der Auftritt an der Seite des „King of Pop“ brachte ihr kein Glück. Nach einer Rolle als Playmate in „Beverly Hills Cop II“ mit Eddie Murphy bekam sie keine Angebote mehr und verfiel Anfang der

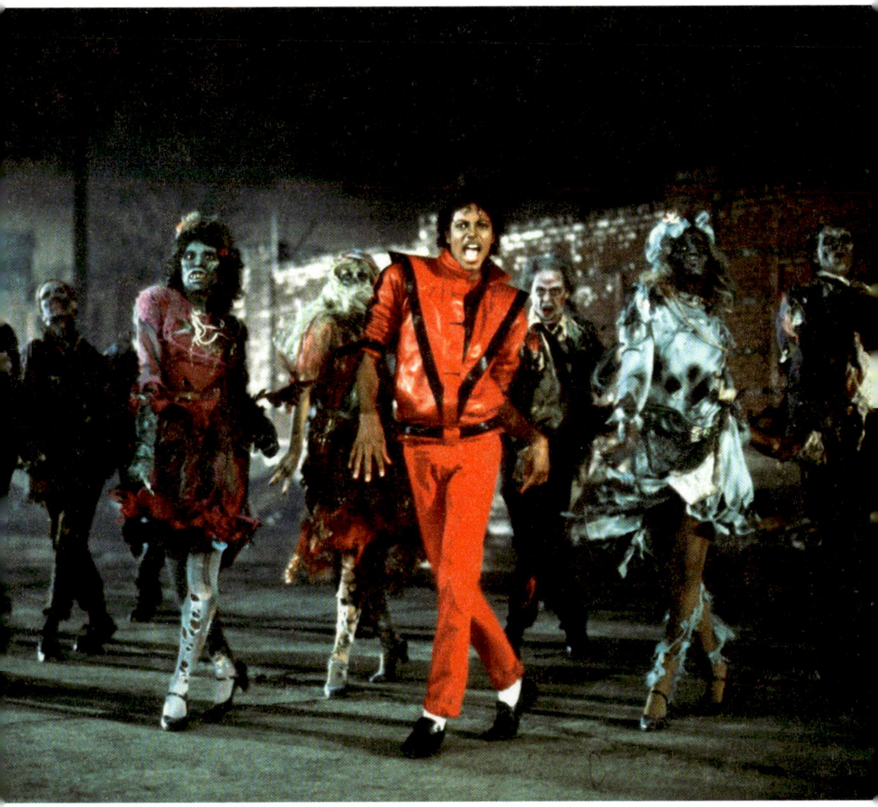

1990er-Jahre den Drogen. Heute lebt die Mutter einer Tochter in Sacramento und tritt als Sängerin auf. Ursprünglich war übrigens Jennifer Beals aus „Flashdance“ für die Rolle vorgesehen, doch die sagte aus unerfindlichen Gründen ab.

Im Januar 1984 feierte der „Thriller“-Shortfilm Premiere. Aufgrund der blutrünstigen Zombie-Szenen durfte er aus Jugendschutzgründen erst nach 22 Uhr im TV ausgestrahlt werden. 2009 wurde das „Thriller“-Video als „kulturell, geschichtlich und ästhetisch bedeutender Beitrag der Geschichte“ vom United States National Film Preservation Board in die Film-Bibliothek des Kongresses (Library Of Congress) aufgenommen.

AHA!

P.Y.T. & Twin Peaks?

Was hat die Mystery-Kultserie „Twin Peaks“ mit Michael Jackson gemein? Antwort: Peggy Lipton und David Lynch!

„Twin Peaks“ – viele erinnern sich an die Mystery-Serie, ersonnen von Kultregisseur David Lynch, in der es um die Aufklärung des geheimnisvollen Mords an Laura Palmer ging, Anfang der 1990er-Jahre die angesagteste TV-Serie weltweit. Ein Ort des Geschehens war das Double R Diner, bekannt für Kirschkuchen und „verdammt guten Kaffee“. Geführt wurde das fiktive Café von Norma Jennings, dargestellt von Schauspielerin Peggy Lipton – und die hatte eine besondere Connection zu Michael Jackson. Denn Peggy war von 1974 bis 1990 mit MJs Produzent Quincy Jones liiert und ist Mutter der gemeinsamen Töchter Kidada und Rashida. Eines Tages kam Peggy vom Shoppen nach Hause. Sie hatte Dessous eingekauft, die mit den Worten *„Pretty Young Thing“* bedruckt waren. Das inspirierte Quincy zusammen mit Songwriter James Ingram umgehend zum Titel „P.Y.T.“, eben *Pretty Young Thing*. Die funky Nummer wurde im September 1983 Michaels sechste Singleauskoppelung aus „Thriller“ und ein Top-Ten-Hit. Peggy hatte außerdem ein Händchen im Spiel beim Titelsong „Thriller“: Dank ihr bekam Horrorfilm-Ikone Vincent Price seine ganz spezielle (Sprech)-Rolle darin. Obendrein hatte die Mimin 1991 einen Gastauftritt im Video zu „Black Or White“ vom „Dangerous“-Album – zu dem „Twin Peaks“-Regisseur Lynch wiederum einen TV-Werbetrailer inszenierte ... Im Mai 2019 verstarb Peggy Lipton in Los Angeles im Alter von 72 Jahren.

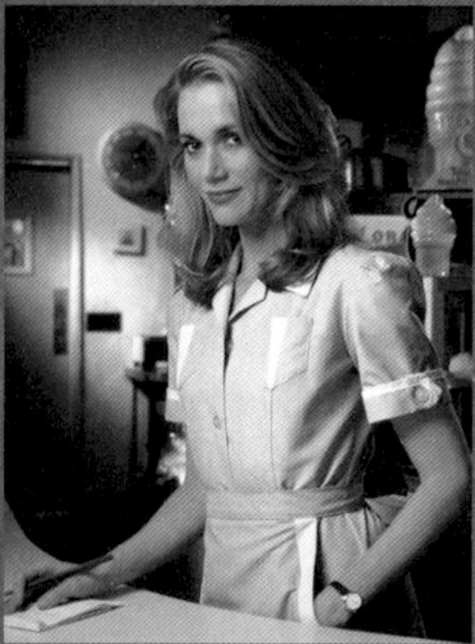

Peggy Lipton als Norma Jennings in Twin Peaks

Der Price ist heiß!

Michael war ein Verehrer von Horrorfilm-Ikone Vincent Price – und schaffte es, ihn für „Thriller“ zu gewinnen ...

„Darkness falls across the land/ The midnight hour is close at hand/ Creatures crawl in search of blood/ To terrorize y'all's neighborhood ...“ – Der markerschütternde Rap und das abschließende höhnische Gelächter von Vincent Price machten den ohnehin fulminanten Disco-Track „Thriller“, komponiert von Rod Temperton, noch deutlich kultiger. Horror-Legende Price († 1993), der einer wohlhabenden Süßwarendynastie aus St. Louis entstammte, hatte Kunstgeschichte an der Yale University studiert, bevor er Ende der 1930er-Jahre ins Filmfach wechselte. Besonders seine markante, sonore Stimme mit britischem Akzent und distinguiertem Timbre verhalf ihm in Hollywood zum Durchbruch. Und diese Stimme kam auch in puncto Musik zum Einsatz – erstmals übrigens 1975 im Song „Black Widow“ von Schock-Rocker Alice Cooper. Während der Aufnahmen zu „Thriller“ sieben Jahre später hatte Songwriter Temperton ebenfalls die Idee zu einem Sprechpart. Schauspielerin Peggy Lipton, Ehefrau von Quincy Jones, schlug dazu ihren Freund Vincent Price vor und stellte den Kontakt her. Michael liebte die Grusel-Klassiker von Price, etwa „Die Verfluchten“, „Das Pendel des Todes“, „Theater des Grauens“ oder „Der Rabe“. Price sagte ohne zu zögern zu, er war heiß auf ein neues Abenteuer. Den Raptext entwarf Temperton im Taxi auf dem Weg in die Westlake Recording Studios in West Hollywood. Price, der Routinier, kam und in zwei Stunden war alles im Kasten. Zur Honorierung wurden ihm zwei Alternativen geboten: entweder 20.000 US-Dollar auf die Hand – oder eine prozentuale Beteiligung an den Verkäufen von „Thriller“. Price nahm die 20.000 und glaubte, einen guten Deal gemacht zu haben. Er konnte ja nicht ahnen, was für ein Megaseller „Thriller“ werden würde. Später gab er mit mildem Lächeln zu: „Das war der größte Fehler meines Lebens ...“

Adam, die Ameise ...

Anfang der 1980er, zu „Off The Wall"-Zeiten, weilte MJ in London. Eines Tages sah er sich im Hotelzimmer die TV-Show „Top Of The Pops" an. Und wurde dabei inspiriert zu einem brandneuen Look. Hier hat Michaels Faible für Uniformen aller Art seinen Ursprung ...

Adam & The Ants (dt.: Adam & die Ameisen) zählten damals zu den heißesten New-Wave-Newcomern in England mit Hits wie „Stand And Deliver", „Kings Of The Wild Frontier", „Prince Charming" oder „Goody Two Shoes". Bandleader Adam Ant, eigentlich Stuart Leslie Goddard, war als Frontmann auch optischer Mittelpunkt der Band. Er stylte sich fantasievoll, mit Perlenzöpfen, auffälligem Make-up, jeder Menge Accessoires – und einer antiken Husaren-Uniformjacke, aufwendig verziert mit Goldknöpfen, Tressen, Borten und Kordeln, wie sie Ende der 1960er bereits Jimi Hendrix getragen hatte. Später sollten solche Jacken Vorbild werden für Johnny Depps Captain Jack Sparrow aus „Fluch der Karibik" – und nun eben für Michael.

MJs Manager Ron Weisner, Partner von Freddy DeMann, war damals in London dabei. In seiner Biografie erinnert er sich: „Wir saßen im Hotelzimmer und guckten ‚Top Of The Pops'. Plötzlich starrte Michael wie gebannt auf den Bildschirm. Es sang ein Pirat mit Uniformjacke. Seinen Namen hatten wir schon mal gehört: Adam Ant. Michael war fasziniert von seinem Outfit. Sofort musste ich seine Telefonnummer besorgen, MJ rief ihn persönlich an." Auch Adam Ant erinnert sich: „Zuerst dachte ich, es sei Verarschung, und legte auf. Aber Michael rief wieder an, ließ nicht locker. Schließlich kamen wir ins Gespräch. Erst wollte er wissen, wie ich den Drumsound auf meinem damaligen Hit ‚Dog Eat Dog' hinbekommen hatte. Ganz perplex antwortete ich: Na, durch meinen Drummer – und musste lachen. Und dann fragte er, wer solche Uniformjacken herstelle." Die Antwort: Berman

Adam Ant 1981 in dem Outfit, das MJ inspirierte

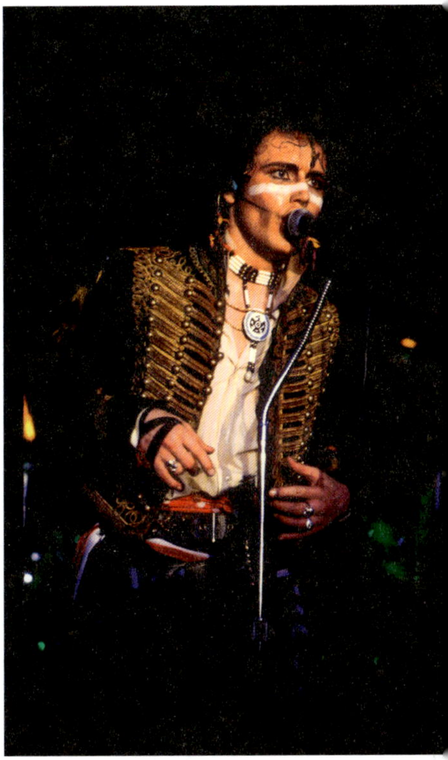

& Nathan's in London. Es handelte sich um die Offiziersjacke, die Schauspieler David Hemmings 1968 im Abenteuerfilm „The Charge of the Light Brigade" getragen hatte.

Sofort ließ sich MJ einige Exemplare kommen. Adam Ant hatte ihn zu einem neuen Look inspiriert! Und typisch MJ: Er revanchierte sich, indem er dafür sorgte, dass Adam Ant als Nicht-Motown-Künstler im März 1983 bei der großen Gala zum 25. Jubiläum von Motown in Pasadena auftreten durfte, neben Motown-Legenden wie Stevie Wonder, Diana Ross, den Temptations, Smokey Robinson, Marvin Gaye, den Jackson 5 und natürlich MJ himself. Adam Ant, der zu jener Zeit mit seiner Band auf US-Tour war, sang „Where Did Our Love Go", ein Cover der Motown-Superstars Supremes. Und mitten im Song tänzelte plötzlich Misses Ross von den Supremes tatsächlich cameomäßig auf die Bühne. „Das war das Highlight meiner Karriere", wie Ant später sagte. „Und ich trat in derselben Show auf, in der Michael zum ersten Mal seinen Moonwalk tanzte. Popgeschichte!"

MJ und „sein“ Moonwalk

Im Frühjahr 1983 schreibt MJ TV-Geschichte – mit einem fulminanten Auftritt bei der Jubiläumsshow von Motown und der Welt-Premiere seines künftigen Signature-Moves.

25. März 1983. Civic Center, Pasadena. Aufzeichnung der Jubiläums-Show „Motown 25: Yesterday, Today, Forever“. Auf der Bühne feiert das Label seine größten Stars: Diana Ross mit den Supremes, Stevie Wonder, Smokey Robinson, Marvin Gaye, die Temptations und die Jackson 5 mit Michael Jackson. Nach einem J5-Greatest-Hits-Medley brandet Jubel auf, MJ bleibt alleine auf der Bühne. „I love those songs, they were magic moments“, sagt er, „but especially I like ... the new songs!“ Und schon ertönt „Billie Jean“, die aktuelle Nr. 1 der US-Billboard-Charts. Es ist das erste Mal, dass er die Nummer live performt. Und wie! Michael trägt einen Anzug mit Hochwasserhosen, dazu glitzernde Socken – damit man auch auf den hinteren Plätzen seine blitzschnellen akrobatischen Tanzschritte gut sehen kann! Außerdem: einen Glitzerhandschuh an der linken Hand, der zum Markenzeichen wird, dazu einen Fedora-Hut, den Michael bald elegant wegschleudert. MJ federt locker über die Bühne, macht seinen berühmten Kick, dreht sich, alles perfekt einstudiert. Durch sein außergewöhnliches Showtalent, gepaart mit Charme und unwiderstehlichem Lachen, gewinnt er alle im Saal. Als das Gitarrensolo beginnt, setzt er zu einem spektakulären Tanzmove an, mit dem er Geschichte schreiben und der untrennbar mit ihm verbunden bleiben wird: Rückwärts gleitet er über die Bühne, obwohl die Beinbewegungen ein Vorwärtslaufen vortäuschen, dann dreht er sich und bleibt auf den Zehenspitzen stehen. Pure Magie. Entfesselt springen alle im Saal von ihren Sitzen auf, rasten komplett aus. Das Ganze dauert nur drei, vier Sekunden, aber die brennen sich ins kollektive Gedächtnis ein. Sein Signature-Move ist geboren: der „Moonwalk“! Viele glauben, MJ habe ihn

erfunden. Aber das stimmt nicht, was er auch offen zugibt. Seinen Ursprung hat der „Moonwalk“, auch als „Backslide“ bekannt, Mitte des letzten Jahrhunderts, als der französische Tanz-Künstler Jean-Louis Barrault († 1994) ihn vollführte, später auch der berühmte Pantomime Marcel Marceau († 2007), der ihn 1976 in Mel Brooks' „Silent Movie“, einer Stummfilm-Hommage, „Marsch gegen den Wind“ nannte. Dann wurde der Move von der Breakdance-Szene entdeckt. „Er kommt von den wundervollen Kids, den jungen Leuten in den Ghettos, die brillant sind und dieses natürliche Talent zum Tanzen haben. Ich habe den ‚Moonwalk' lediglich etwas weiterentwickelt“, sagt MJ bescheiden in einem Interview mit Oprah Winfrey. Beigebracht bekam er die Schritte Anfang 1983 gleich von mehreren Tänzern: Jeffrey Daniel von der R&B-Gruppe Shalamar, der den „Moonwalk“ erstmals im Jahr zuvor bei der Performance zum Shalamar-Hit „A Night To Remember“ in der britischen TV-Show „Top Of The Pops“ gezeigt hatte und später von Michael auch für das „Bad“-Video engagiert wurde. Außerdem waren da noch Geron „Casper“ Candidate und Derek „Cooley“ Jaxson, heute Tanzlehrer. „Eigentlich wollte Michael den Schritt für die anstehende Jacksons-„Victory“-Tour einstudieren“, erinnert sich Cooley, der aus Detroit stammt und in L.A. aufwuchs. „Doch dann überlegte er es sich anders und performte ihn schon früher, bei ‚Billie Jean'.“

Das Lied, mit dem der „Moonwalk“ eindeutig assoziiert wird, entwickelt sich zum Megahit, verkauft sich weltweit über zehn Millionen Mal und gilt als Michaels wichtigste Nummer.

Nach seiner eindrucksvollen, frenetisch umjubelten „Motown 25“-Performance ärgerte sich der unverbesserliche Perfektionist übrigens – weil er es beim „Moonwalk“ nicht geschafft hatte, noch etwas länger auf den Zehenspitzen zu verharren ... Auch das ist typisch MJ!

MTV-Support?!

MTV war mitentscheidend für den Erfolg von „Thriller“ und MJs künftige Karriere. Doch nicht jedem bekannt: Anfangs lehnt der Musik-TV-Sender Michael ab.

MTV, seit August 1981 in den USA auf Sendung, hat eine popkulturelle Revolution ausgelöst: Erstmals kann man Musik auch sehen. Der Sender, der 24 Stunden am Tag Clips sendet, ist mächtig – und extrem wichtig für die Promotion von Singles.

Das „Billie Jean“-Video ist MJs erster *echter* Videoclip mit Storyline. Zuvor hat Michael nur vor der Kamera gesungen und performt. Unter Regie von Steve Barron tanzt er jetzt durch den Kurzfilm, in dem es um ein fiktives Groupie geht, das ihm ein Kind anhängen will. „Billie Jean“ gilt als visuelles Meisterwerk der 1980er. Doch die Entscheider bei MTV lehnen es im Januar 1983 ab. „Wir sind ein Rock- und Popsender für weiße Künstlerinnen und Künstler“, heißt es lapidar. Für Schwarze gäbe es schließlich BET, Black Entertainment Television! Die Absage stößt auf totales Unverständnis bei Michael und dessen Label CBS Records. Schnell werden von Plattenboss Walter Yetnikoff und PR-Chef Frank DiLeo (später MJs Manager) schwerste Geschütze aufgefahren. „Purer Rassismus ist das“, werfen sie den MTV-Machern vor und drohen: „Wenn ihr Michaels Video nicht zeigt, werden wir euch auch keine Clips unserer Stars wie Bruce Springsteen oder den Rolling Stones mehr zur Verfügung stellen.“ Das wirkt! MTV willigt ein und spielt „Billie Jean“, das von den Zuschauern auf Anhieb gefeiert wird. Michael ist der erste schwarze Künstler der Popgeschichte, der bei MTV läuft. „MJ hat für uns die Rassenbarriere überwunden“, erklärt Rapper P. Diddy später. Die Folge des MTV-Supports: „Billie Jean“ knallt auf Platz 1 der US-Charts, verbleibt dort sieben Wochen. Und das Album „Thriller“ verkauft plötzlich eine Million Einheiten – pro Woche!

Black *or* white?

Hatte Michael Jackson ein Identitätsproblem? Wollte er seine afroamerikanische Herkunft verleugnen? Warum bleichte er seine Haut?

„Es spielt keine Rolle, ob du schwarz bist oder weiß“, singt Michael Jackson 1991 im Hit „Black Or White“. Es ist sein Beitrag gegen Rassismus. Doch Michaels Haut wird ab Mitte der 1980er immer heller: Er scheint zu einem Weißen zu mutieren. Lässt er seine Haut bleichen, um seine afroamerikanische Herkunft zu verleugnen? Das wird ihm in den USA von der *black community* unterstellt. MJ wehrt sich: „I'm proud to be a black American“, entgegnet er 1993 in einem TV-Interview mit Oprah Winfrey – ich bin stolz, ein schwarzer Amerikaner (heute politisch korrekt „Person Of Colour“) zu sein. Das Aufhellen seiner Haut hat medizinische Gründe. Er leidet an Vitiligo, einer Pigmentstörung, auch als Weißflecken-Krankheit bezeichnet. Bei Vitiligo zeigen sich weiße, scharf begrenzte Flecken auf der Haut. Grund dafür ist ein Verlust spezieller Zellen. Diese werden als Melanozyten oder Pigmentzellen bezeichnet. Sie sind u. a. für die Farbe der Haut verantwortlich. Gehen sie zugrunde, erscheint die Haut an diesen Stellen heller. Damit Michaels Haut gleichmäßig aussieht, rät ihm sein Dermatologe Dr. Arnold Klein zum Bleichen.
Eine aktuell prominente Vitiligo-Patientin ist die Kanadierin Winnie Harlow (bürgerlich Chantelle Brown-Young). In der Schule wurde die Tochter jamaikanischer Einwanderer dafür gehänselt, litt an Depressionen. Heute ist sie erfolgreiches Fotomodell und ihre Haut samt der hellen Stellen wurde zu einem Markenzeichen. Winnie möchte auf die Krankheit aufmerksam machen – als Botschafterin für Menschen, die ebenfalls an Vitiligo erkrankt sind.

Wachsfigur & „Victory“-Tour!

Unglaublich, aber zum Mega-Album „Thriller“ gibt es keine Michael-Jackson-Tour – dafür eine mit seinen Brüdern, die MJ nur widerwillig bestreitet. Eine turbulente Zeit …

Mit „Thriller“ ist Michael 1983 längst auf dem Weg zum Megastar. Er hat gezeigt, dass er ohne seine Brüder bestehen kann. Doch in der Familie wird schon länger über eine Reunion von The Jacksons nachgedacht, mit Jermaine – und Michael. Hintergrund: Einige der Jackson-Brüder stecken in finanziellen Schwierigkeiten, u. a. wegen kostspieliger Scheidungen, und müssen dringend Geld verdienen. Eine Tournee, natürlich mit Superstar Michael, scheint der einfachste Weg aus der Schuldenfalle. MJ hat null Bock darauf, sondern nur seine boomende Solokarriere im Sinn. Aber als Mutter Katherine insistiert, sagt MJ zu, ihr zuliebe.

Doch das Unternehmen steht unter keinem guten Stern. Als Manager und Tourpromoter hat sich der umstrittene Boxpromoter Don King der Jackson-Family angedient. Eine Pressekonferenz zur Tourankündigung in der Tavern On The Green in New York gerät zum Fiasko. King stellt sich als großer Impresario in den Mittelpunkt, die Band verkommt zur Staffage, Michael gibt aus Protest keinen Ton von sich. Das Gebaren Kings missfällt ihm, er warnt seine Brüder, doch zu spät. MJ will die Tour „The Final Curtain“ nennen, um klarzumachen, dass dies definitiv der „letzte Vorhang“ für die Jacksons ist. Jermaine & Co plädieren für „Victory“ als Tourmotto und nennen auch das neue Album so – Sieg! Michael weigert sich, auf der Bühne die „Victory“-Lieder zu performen.

Am 6. Juli 1984 startet die Jacksons-Tour, gesponsert von Pepsi, im Arrowhead-Stadion in Kansas City, das Finale steigt im Dezember mit sechs ausverkauften Shows im Dodgers-Stadion in L.A. Die Bühnen-Choreographie kommt von Paula Abdul. Im Programm: mehrere Soloauftritte Michaels, bei denen er neue

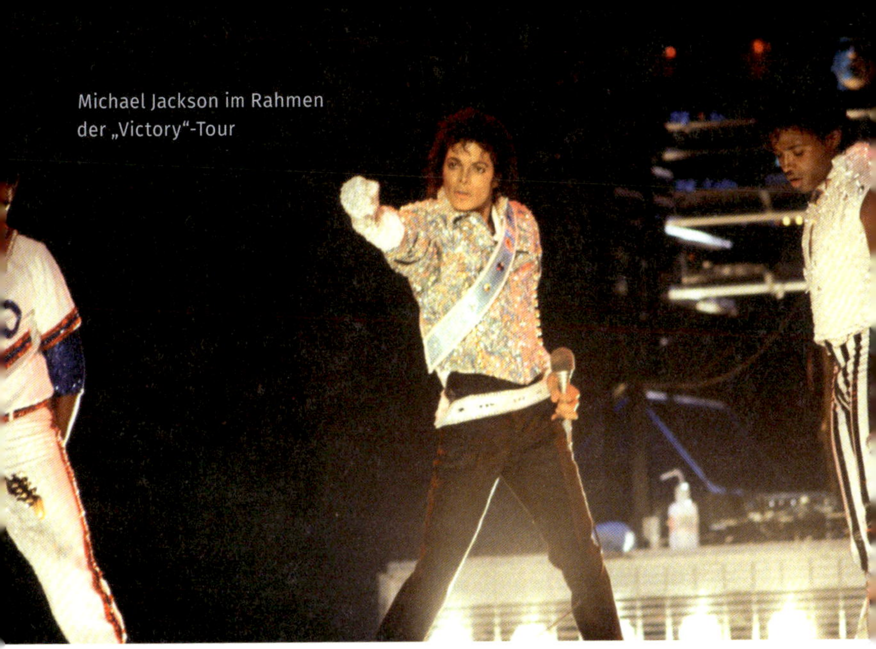

Michael Jackson im Rahmen der „Victory"-Tour

„Thriller"-Hits präsentiert wie „Wanna Be Startin' Something", „Human Nature" (gekoppelt mit „Ben"), „Beat It" und natürlich „Billie Jean". MJs Performances sind die Highlights der Tour, bei der er als Markenzeichen den Glitzerhandschuh etabliert sowie seinen „Moonwalk". Beim Konzert in Dallas rockt Supergitarrist Eddie Van Halen mit Michael „Beat It" – es bleibt ihr einziger gemeinsamer Auftritt. Die „Victory"-Tour wird zum Erfolg, in erster Linie dank Michael und des anhaltenden „Thriller"-Hypes. Doch am Ende sind die Spannungen zwischen Überflieger MJ und seinen Brüdern unüberwindbar, er verkündet seinen Ausstieg und setzt ein Zeichen: Seine gesamte Gage, etwa fünf Millionen US-Dollar, spendet er für wohltätige Zwecke! MJ hat endgültig genug.

Beim Videodreh zur Jacksons-Single „Torture" (dt.: Folter) streikt er, erscheint einfach nicht am Filmset (woraufhin auch Jermaine beleidigt absagt). Regisseur Jeff Stein ist verzweifelt, ohne Michael geht es nicht. In letzter Sekunde hat Stein die rettende Idee: Vom Madame Tussauds Museum leiht er eine Michael-Jackson-Wachsfigur aus und baut sie in den Clip ein. Wer genau hinschaut, wird den Wachs-Michael schemenhaft erkennen. Die Dreharbeiten werden dem Songtitel gerecht ...

Kunstfigur!

Viele betrachteten Michael Jackson als eine Kunstfigur – vor allem aber inspirierte er immer wieder zu Kunst …

Weil er mehrfach chirurgische Korrekturen im Gesicht vornehmen ließ, eine Sache, die in Hollywood (und nicht nur dort) gang und gäbe ist und im Grunde nur ihn selbst etwas anging, wurde MJ besonders in den Medien immer wieder als Kunstfigur, als künstliches Wesen verspottet. Doch er war in erster Linie auch eine Figur, die Künstler von Weltruf zu Kunst inspirierte! So zum Beispiel Andy Warhol, mit dem er seit den späten 1970ern bis zu dessen Tod 1987 befreundet war. MJ und Warhol feierten nicht nur gemeinsam im Studio 54, die beiden verband auch die gemeinsame Verehrung für Shirley Temple, die ihre Hollywood-Karriere in den 1930ern als Kinderstar begonnen hatte. Warhol porträtierte MJ 1984 im typischen Popart-Stil, strahlend, in verschiedenen Farben und einer Größe von 76 mal 66 Zentimetern. In seinem Videoclip zu „Scream" ehrte MJ 1995 Warhol wiederum und zeigte dessen Selbstporträt.

Jeff Koons, ehemaliger Wallstreet-Broker, dessen Werke auf dem internationalen Kunstmarkt bis heute Rekordsummen erzielen, verewigte MJ kurz nach Veröffentlichung des „Bad"-Albums. Zusammen mit seinem Liebling Bubbles, lebensgroß in Porzellan. Schimpanse Bubbles war MJs ständiger Begleiter und wurde selbst zu einer Art Berühmtheit. Tiertrainer Bob Dunn hatte ihn für Jackson aus einem Versuchslabor in Texas erworben. Die Koons-Plastik „Michael Jackson and Bubbles" entstand 1988 im Rahmen der „Banality"-Serie, zu der auch Skulpturen des Pink Panther und Johannes, des Täufers zählen. Die lebensgroße Porzellanplastik stellt den Pop-Megastar in zurückgelehnter Haltung auf einem Blumenbett sitzend dar. Auf seinem Schoß ruht Bubbles, der ein weißes Tuch umklammert. Sänger und Haustier verschmelzen zu einer optischen Einheit. „Ich wollte Jackson in einer gottähnlichen Ikonenhaftigkeit erschaffen", erläutert Jeff Koons sein Kunstwerk. „Zugegeben, ich mochte immer schon die Radikalität Michael Jacksons, dass er absolut alles unternahm, das nötig war, um mit den Menschen zu kommunizieren."

„Michael Jackson and Bubbles" wurde am 15. Mai 2001 bei einer Sotheby's-Auktion in New York für 5,6 Millionen US-Dollar versteigert, ein neuer Rekordpreis für Jeff Koons. Heute ist es im Besitz der Broad Art Foundation des Unternehmers und Kunstsammlers Eli Broad. Es existieren noch zwei weitere Ausführungen in Athen und im Museum Of Modern Art San Francisco.

2018 zeigte die Ausstellung „On The Wall" in der Londoner National Portrait Gallery Arbeiten von 48 Künstlerinnen und Künstlern, die MJ jeweils auf ihre Art porträtiert haben.

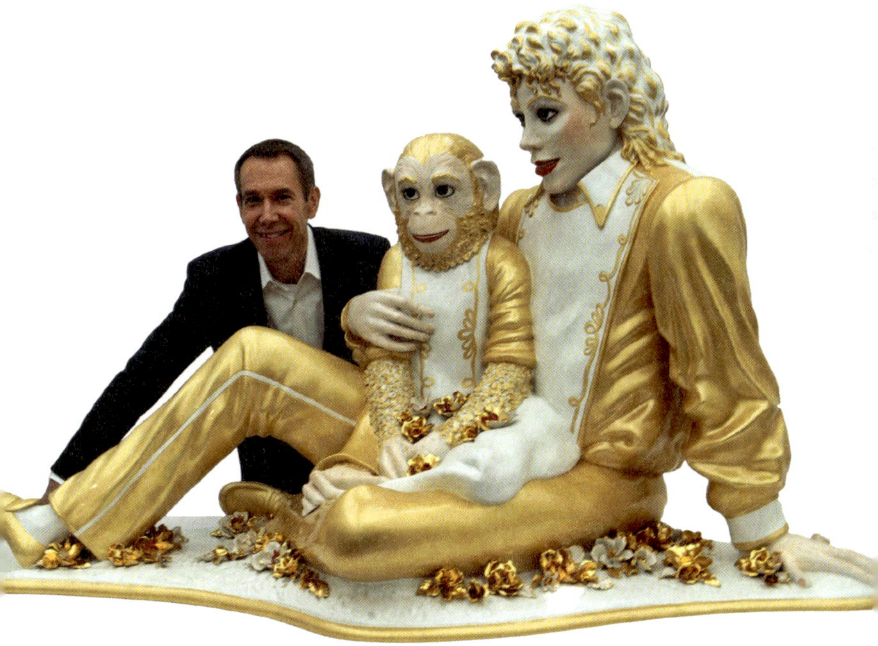

AHA!

„J-A-C-K-O“ nervt!

Noch heute wird Michael Jackson immer wieder mal „Jacko“ genannt. Klingt harmlos, doch es steckt mehr dahinter.

Im Grunde würde es durchaus Sinn ergeben, Michael „Jacko“ zu nennen. Es ist ein *Nickname*, so wie etwa Madonna auch *Madge* genannt wird. Fünf Buchstaben nur, abgeleitet von Michaels Nachnamen. Aber diese fünf Buchstaben nerven. Wer Michael Jackson „Jacko“ nennt, ist unten durch – früher bei Michael selbst, heute bei seinen Fans in aller Welt. Und das hat einen simplen Grund: Die britische Boulevard-Presse ist schuld. In den 1980ern werden in Londons Fleet Street, wo die wichtigsten Zeitungen ihren Sitz haben, immer abstrusere Geschichten über den „King of Pop“ erfunden. Er schlafe in einem Sauerstoffzelt, denn er wolle 150 Jahre alt werden, er und LaToya seien ein und dieselbe Person, er liebe Bubbles, seinen Schimpansen, mehr als Menschen ... Das Problem: Michael gibt niemals Interviews, er spricht nicht mit Journalisten und verabscheut die Paparazzi, die ihn Tag und Nacht verfolgen. Geschichten müssen trotzdem her, Michael ist der größte Star der Welt. Und die Tageszeitungen versuchen sich im hart umkämpften Markt zu übertreffen in puncto MJ-Berichterstattung. Das Ganze gipfelt in der Headline *„WACKO JACKO!!“ Wacko* kommt von *wack* bzw. *whack* und bedeutet verrückt, durchgeknallt. Der durchgeknallte Jacko, also! Michael ist entsetzt, als man ihm davon berichtet. Seitdem ist der Begriff tabu. „I'm not a Jacko, I'm Jackson“, betont MJ 1997 in einem TV-Interview mit US-Moderatorin Barbara Walters. „I have a heart and I have feelings, that's not nice, don't do it!“

MJ rächt sich auf seine Art an der Presse, von der er sich unfair behandelt fühlt. Mit Songs wie „Leave Me Alone“ oder „Tabloid Junkie“, Songzitat: *„Just because you read it in a magazine or see it on a TV screen don't make it factual ...“*

100.000.000!!

Michael steht unter enormem Erfolgsdruck, als er die Arbeiten zum „Thriller“-Nachfolger „Bad“ beginnt. Sein ehrgeiziges Ziel: das Mega-Album übertrumpfen!

„100,000,000!“ Diese astronomische Zahl schreibt Michael Jackson 1985 auf seinen Badezimmerspiegel. Warum? Zur Motivation! Es ist die Summe der Exemplare, die er von seinem geplanten Album „Bad“ verkaufen will. Mit dem Vorgänger „Thriller“ hat er das scheinbar Unmögliche möglich gemacht und innerhalb der ersten Jahre über 30 Millionen verkauft. Diesen Erfolg will der „King of Pop“ toppen. Sein großes Ziel verfolgt Michael, der noch nicht auf Neverland lebt, systematisch. Mit zwei Assistenten werkelt er 1985 zunächst monatelang im Homestudio, genannt „The Laboratory“, in seinem Elternhaus Hayvenhurst in Encino bei L.A. an neuen Sounds und nimmt unzählige Demos auf. Sein Produzent Quincy Jones, der nicht nur „Off The Wall“ und „Thriller“ produziert hat, sondern auch Legenden wie Frank Sinatra, Ray Charles und Ella Fitzgerald, darf zu diesem Zeitpunkt noch nicht ins Studio. MJ möchte ungestört sein und ganz alleine kreieren.

Ende 1986 geht es los im brandneuen Westlake Studio D, am Santa Monica Boulevard in West Hollywood („Thriller“ entstand 1982 im Westlake Studio A). „Quincy und ich haben beschlossen, dass dieses Album so perfekt wird wie nur menschenmöglich“, sagt MJ zu Beginn der Studioarbeiten. Zweieinhalb Jahre tüfteln sie fieberhaft an „Bad“. Damit Michael während Gesangsaufnahmen tanzen kann, wird Parkettboden in der Studiokabine verlegt. Die Westlake Studios gleichen einem halben Zoo, denn Michael hat seinen Schimpansen Bubbles, Lama Louis, die Boa Muscles und Hunde mitgebracht. Ab und an schauen berühmte Freunde vorbei, etwa Schauspiellegende Robert DeNiro.

Als Duettpartner in „Just Good Friends“ wählt MJ sein Jugendidol und Soul-Legende Stevie Wonder. Für Rock-Sound sorgt

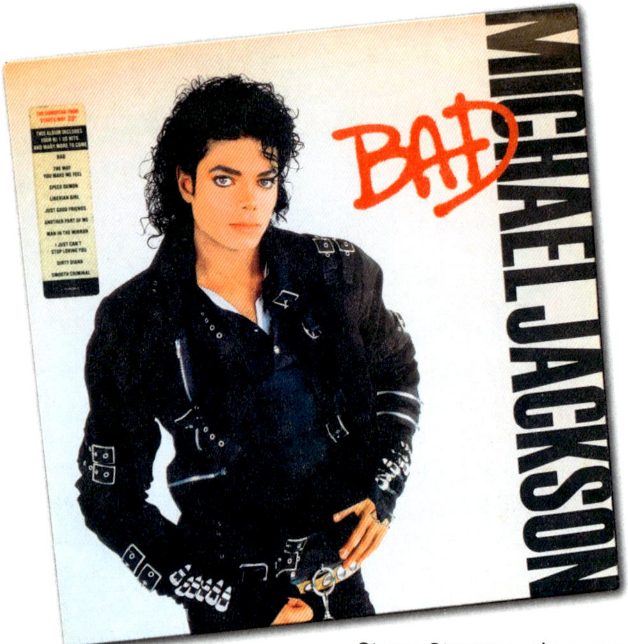

Steve Stevens, der exzentrische Gitarrero von 1980er-Punk-Hero Billy Idol. Der stets schwarz gewandete Stevens inspiriert MJ auch zum Rocker-Look fürs Album-Cover. Das Original-Covermotiv – Michael hinter einem schwarzen Schleier, inszeniert von Starfotograf Greg Gorman – wird vom Label abgelehnt.

Für den Titeltrack „Bad" plant Quincy Jones, die beiden größten Künstler ihrer Generation im Duett zusammenzubringen: Michael und Prince! Doch nach einem Meeting sagt Prince ab: „Der Song ist so stark, der wird auch ohne mich ein Hit." Andere Quellen besagen, er war mit Michaels Opener-Zeile *„Your butt is mine"* („Dein Arsch gehört mir") nicht einverstanden. Große Namen sind auch im Gespräch für ein Duett zu „I Just Can't Stop Loving You": Whitney Houston, Diana Ross, Aretha Franklin, Barbra Streisand. Doch alle sagen überraschend ab und so übernimmt die unbekannte Singer-Songwriterin Siedah Garrett (1960 geboren als Deborah Christine Garrett) den Part. Auch eine spanische Version („Todo Mi Amor Eres Tu“) und eine französische („Je Ne Veux Pas La Fin De Nous“) werden aufgenommen – und zu Hits. Im Track „Smooth Criminal“ ist übrigens MJs eigener Herzschlag zu hören, von Dr. Eric Chevlen im Studio aufgenommen. Was für eine Idee!

Immer wieder jedoch kommt es zu Unstimmigkeiten zwischen MJ und QJ. Perfektionist Michael sagt: „Wenn Leute Geld für eine Platte ausgeben, dann haben sie das Recht, das Beste vom Besten zu bekommen. Das ist unsere Verpflichtung. Und ich werde solange arbeiten, bis es das Beste ist!“ Er will mehr Kontrolle über Sound und Songs als noch bei „Thriller“, was Quincy missfällt. „Es gab Spannungen zwischen uns, weil wir miteinander konkurrierten statt zu kooperieren“, gibt Michael später zu. Einmal soll Quincy während der Arbeiten an „Bad“ gar das Studio verlassen haben und tagelang nicht aufgetaucht sein, weil Michael nächtens heimlich den Sound einiger Tracks verändert hatte. Für Produzenten ein No-Go.

Insgesamt 62 (!) Songs werden fertig produziert, nur elf davon landen auf dem Album. Neun dieser elf Songs komponiert Michael Jackson himself, u. a. „Bad“, „The Way You Make Me Feel“, „Liberian Girl“, „Another Part Of Me“, „I Just Can’t Stop Loving You“, „Dirty Diana“ und „Smooth Criminal“. Lediglich zwei Nummern stammen von anderen Songwritern: „Just Good Friends“ von Stevie Wonder sowie „Man In The Mirror“, einer von MJs künftigen Signature-Songs, von Glen Ballard und Siedah Garrett. Tracks wie „Streetwalker“, „Don’t Be Messin’ Around“, „Groove Of Midnight“, „Fly Away“, „Be Me 4 A Day“ oder „Crack Kills“ (mit Run DMC, wird 1996 zum Song „Morphine“, ohne Run DMC!) schaffen es nicht auf die LP. MJs ursprünglichen Masterplan, aus „Bad“ ein Dreifach-Album mit 33 Tracks zu machen, redet ihm Quincy aus. Zu teuer!

Die Erwartungshaltung nach dem Megaerfolg „Thriller“ ist unglaublich hoch. Also ruft MJ persönlich bei Plattenboss Walter Yetnikoff im New Yorker CBS-Office an und bittet um Unterstützung und Promo-Power. CBS (heute SONY Music) lädt im Sommer 1987, kurz vor Veröffentlichung, 50 der wichtigsten

Plattengroßhändler und Radiomacher Amerikas nach L.A. ein. Im Crystal Ballroom des Beverly Hilton Hotels bekommen sie weltexklusiv neue MJ-Tracks vorgespielt, danach geht es zum Dinner in Michaels Elternhaus. MJ will bei diesem PR-Dinner nicht dabei sein. Er sei zu schüchtern, um so viele fremde Menschen zu treffen. Doch Yetnikoff und Manager Frank DiLeo überreden ihn. MJ erscheint – mit Bubbles auf dem Arm. Mit seinem Lieblingsaffen fühlt er sich sicher. Michael schüttelt Hände und bedankt sich für den Support.

Am 31. August 1987 wird „Bad" weltweit veröffentlicht. Das Album schießt in den USA direkt auf Platz 1 der Charts und bleibt dort sechs Wochen! Es ist das Album mit den meisten Nr.-1-Singles in den US-Billboard-Charts. Die ersten fünf Auskopplungen „I Just Can't Stop Loving You" (Vorabsingle ohne Videoclip!), „Bad", „The Way You Make Me Feel", „Man In The Mirror" und „Dirty Diana" schaffen es alle auf die Spitzenposition. Eine Sensation! Neun der elf Songs werden Welt-Hits.

„Bad" ist das erste Solo-Album, mit dem Michael auf Welttournee geht. Die „Bad"-Tour, die im September 1987 in Tokio beginnt, umfasst 123 Konzerte auf vier Kontinenten vor über vier Millionen Zuschauern. Highlights der stets ausverkauften Megashow sind neue Nummern wie „Bad", „Dirty Diana", „Smooth Criminal", „The Way You Make Me Feel" und „Man In The Mirror", das Michael fortan seinen Helden John F. Kennedy, Martin Luther King und Mahatma Gandhi widmet. Backgroundsängerin und Duettpartnerin für „I Just Can't Stop Loving You" ist eine junge Dame namens Sheryl Crow. Sechs Jahre später wird sie mit dem Hit „All I Wanna Do (Is Have Some Fun)" selbst zum Star werden. Stationen in Deutschland sind im Sommer 1988 Berlin, Hamburg, Köln, München, Hockenheim, Würzburg, Hannover und Gelsenkirchen. Als Jackson am 19. Juni 1988 in West-Berlin vor dem Reichstagsgebäude Nähe Brandenburger Tor sein allererstes Solo-Konzert in Deutschland spielt, versammeln sich tausende DDR-Jugendliche hinter der Berliner Mauer, um etwas von Michaels Live-Musik mitzubekommen. Die DDR-Volkspolizei versucht das zu unterbinden. Es kommt zu hässlichen Ausschreitungen. Bei einem der sieben Konzerte im Londoner Wembley-Stadion sind im Juli 1988 Lady Diana und Prinz Charles zu Gast. Am 27. Januar 1989 endet die Tour in der Memorial Sports Arena in L.A.

Er wolle „Sounds erschaffen, die menschliche Ohren bis dahin noch nie gehört hatten!“, sagt MJ über die Arbeit an „Bad“. Das hat er geschafft. „Bad“ wird *der* Sound der 1980er, ein Meilenstein der Popmusik. Ein raffinierter Mix aus Pop, Rock, Funk, Soul und R&B. Das letzte Album, das QJ und MJ gemeinsam machen, wird zu Michaels musikalischer Sternstunde, auch wenn es kommerziell hinter „Thriller“, dem meistverkauften Album aller Zeiten, zurückbleibt. Die *mission impossible*, es zu übertrumpfen, kann selbst „Michael, der Überirdische“ nicht schaffen. Dennoch ist „Bad“ ein Album der Superlative und zählt zu den kreativsten und wichtigsten der Popgeschichte. Und apropos 100 Millionen: Die hat „Thriller“ längst überschritten. MJs Weltrekord für die Ewigkeit.

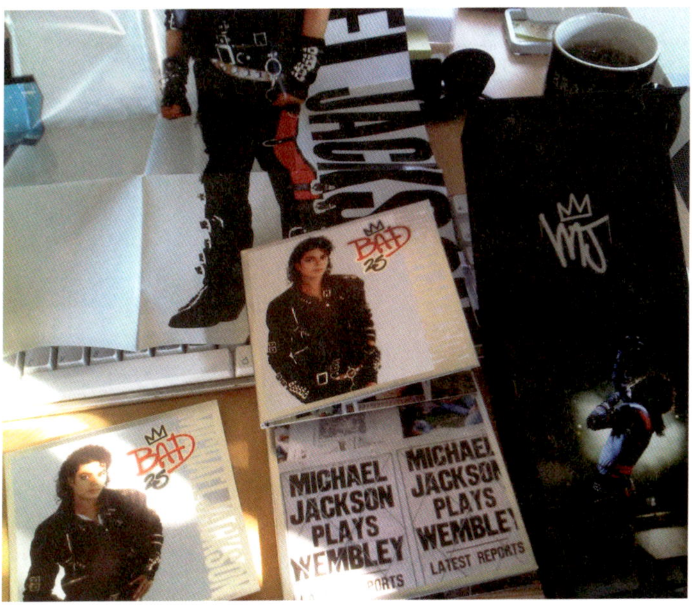

Lady Di meets „Dirty Diana"!

Der „King of Pop" und die Princess of Wales – zwei Seelenverwandte treffen sich im Sommer 1988 in London. Dabei kommt es zu einer Riesenüberraschung.

Die Geschichte ist vielen bekannt, aber zu gut, um sie nicht noch einmal ins Gedächtnis zu rufen. Am 16. Juli 1988 treffen sich Michael Jackson und Lady Di, zwei Ikonen des 20. Jahrhunderts, erstmals, backstage in den Katakomben des Londoner Wembley-Stadions, wo Michael im Rahmen seiner „Bad"-World-Tour wenig später von 72.000 Fans frenetisch empfangen werden soll. „Ich bin sehr aufgeregt", antwortet der Megastar einem anwesenden Reporter auf die Frage, wie es sich anfühlt, an diesem Abend die *royalty* zu treffen. Dann erscheinen die Ehrengäste: Lady Di in knallgelbem Kostüm zusammen mit Gemahl Prinz Charles. Der scheue „King of Pop" und die schüchterne Princess of Wales begegnen sich auf Augenhöhe, voller Hochachtung und gut gelaunt. Der Empfang ist ein besonderer Moment für MJ. Anwesend an Michaels Seite: Manager Frank DiLeo, Anwalt John Branca samt Frau (Michael war im Jahr zuvor ihr Trauzeuge), dazu Security-Chef Bill Bray und Bodyguard Wayne Nagin. Das Dilemma: Zu jener Zeit ist ausgerechnet „Dirty Diana" MJs Über-Hit. Aber den in Anwesenheit von Lady Diana performen? Das geht nicht! Also lässt MJ aus Respekt vor Di den Song über ein sexbesessenes Groupie aus dem Programm streichen. Und irrt sich gewaltig mit seiner Einschätzung. Denn „Dirty Diana" zählt zu Dianas absoluten Lieblingsliedern. Michael ist überrascht und kann es kaum glauben, als sie ihm das lächelnd gesteht. So nimmt er den Hit wieder in die Setlist auf. Und ist erleichtert. Denn auch die Fans lieben die Hardrock-Nummer, sie gehört zu den Show-Highlights. Nachdem Michael Diana zwei „Bad"-Tourjacken für ihre Söhne William und

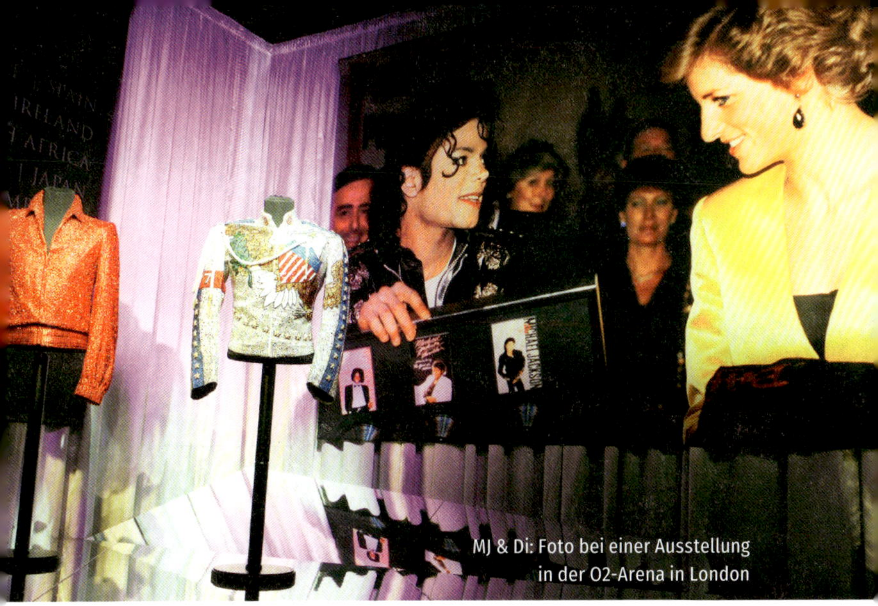

MJ & Di: Foto bei einer Ausstellung in der O2-Arena in London

Harry und Charles eine großzügige Spende über 450.000 US-Dollar zugunsten des Prince's Trust überreicht hat, verabschiedet man sich höflich – und Michael geht „zur Arbeit". Im altehrwürdigen Wembley-Stadion, das schon viele große Konzerte erlebt hat, stellt er einen Rekord auf: siebenmal ausverkauft, insgesamt 504.000 Zuschauer!

Am 31. August 1997, keine zehn Jahre nach dem „royalen" Treffen in London, kommt Diana mit nur 36 bei einem Autounfall in Paris tragisch ums Leben. Die ganze Welt trauert. Auch MJ. Sofort sagt er sein Konzert am selben Abend in Oostende, Belgien, ab: „Der unerwartete Verlust von Diana, der Princess Of Wales, ist eine der größten Tragödien dieses Millenniums." Dann geht er so weit, Paparazzi und Klatschpresse zu beschuldigen, eine Mitschuld an Dianas Tod zu tragen. Tatsächlich wird die Rolle, die Paparazzi gespielt haben, untersucht, aber der Tod schließlich als Unfall eingestuft. Fakt ist jedoch, dass Diana ununterbrochen von Paparazzi gejagt wurde. Und wer könnte das besser nachempfinden als MJ himself? Drei Tage später wird sein Konzert in Oostende nachgeholt. Während „Gone Too Soon", „Smile" und „Heal The World" zeigt er ein überlebensgroßes Porträt von Lady Di. *In loving memory.*

AHA!

Daddy Cool?

Frank Farian, Erfinder von Boney M. und Milli Vanilli, sollte einst MJ produzieren – und sagte ab!

Mit der Showtruppe Boney M. gelangen ihm ab Mitte der 1970er Chart-Hits wie „Rivers Of Babylon" und „Daddy Cool". Frank Farian, ein Visionär mit Gespür für Zeitgeist, als Komponist und Produzent ein Könner. Zur Welt kam er 1941 als Franz Reuther, wuchs auf im beschaulichen Saarland – und wurde erstmal Koch, auf Anraten seiner Mutter, mit der er gerade den Krieg durchgestanden hatte. Doch seine Liebe zur Musik war stärker: Er schmiss als Koch hin, wurde Rock-'n'-Roll-Sänger bei „Frankie und die Schatten", landete Schlagerhits wie „Rocky" und wechselte schließlich als Produzent hinters Mischpult.

Fast forward: Sommer 1989. Michael Jackson brütet in L.A. über Ideen für sein nächstes Album. Nach „Bad" hat er sich im Streit trotz des Megaerfolgs von Producer Quincy Jones getrennt. Nun braucht er neue Mitstreiter. Bei einem Blick auf die US-Charts fällt ihm der Name Milli Vanilli auf. Das Duo aus München, Germany, thront mit der Diane-Warren-Komposition „Blame It On The Rain" auf Platz 1, Produzent: Frank Farian. Michael bespricht sich mit seinem Manager Sandy Gallin, und der ruft bei Farian an. So abwegig ist der Gedanke nicht: Farian hat internationales Renommee, sein Studio in Rosbach bei Frankfurt zählt zu den besten in Europa. Farian erzählt: „Bei mir hat Stevie Wonder 1982 ‚I Just Called To Say I Love You' aufgenommen. Manchmal rief Stevie mich rein und spielte mir neue Stücke vor. Als ich ‚I Just Called ...' hörte, meinte ich spontan: ‚Stevie, das wird dein größter Hit!'"

Und nun wünscht sich also Michael Jackson eine solche Zusammenarbeit. Vier Lieder soll Farian für MJ in Los Angeles produzieren. Doch der unprätentiöse, pragmatische Saarländer sagt ab. „Wenn man so will, habe ich Michael Jackson einen Korb gegeben“, berichtet er später. „Die Arbeit mit Milli Vanilli war mir wichtiger. Und ich hatte Zweifel, ob die Zusammenarbeit geklappt hätte. Außerdem war mit bewusst, dass Michael immer um die 100 Titel aufnimmt, wer weiß, ob meine Songs überhaupt auf der Platte gelandet wären.“

Und so tritt Teddy Riley, der Erfinder des New Jack Swing, an Farians Stelle als Producer für „Dangerous“. Eddie Murphy hat MJ einst mit Teddy bekannt gemacht. Das Ergebnis: Mit 32 Millionen Alben zählt „Dangerous“ genau wie „Thriller“ und „Bad“ zu den meistverkauften Alben aller Zeiten.

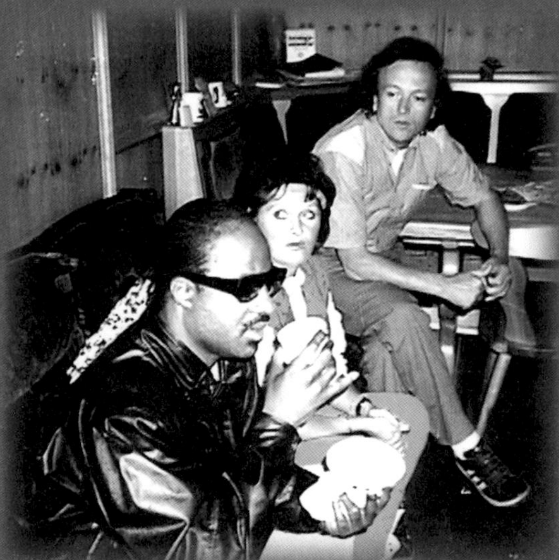

Weltstar Stevie Wonder 1982 im Studio von Frank Farian und dessen Frau Milli

Hello Afrika!

Mehrfach reist Michael in verschiedene Länder Afrikas und wandelt auf den Spuren seiner Vorfahren. In einem Land wird er ehrenhalber gar zum König ernannt.

Michael Jackson studiert nicht nur die Großen des Showbusiness, James Brown, Sammy Davis jr., Charlie Chaplin, Fred Astaire, sondern interessiert sich zeitlebens auch sehr für Weltgeschichte. Insbesondere faszinieren ihn Freiheitskämpfer, Menschenrechtler, Friedensstifter. Er bewundert Martin Luther King und Nelson Mandela, aber auch Mahatma Gandhi, den Anführer der indischen Unabhängigkeitsbewegung („Was für einen Menschen möglich ist, ist für alle möglich!"). Ihr Gedankengut lässt er in seine Songtexte einfließen, in „Black Or White", „Earth Song", „They Don't Care About Us", „Keep The Faith". Und nicht zuletzt forscht er auch in seiner eigenen Vergangenheit, der Geschichte seiner Familie. Die Vorfahren von Vater Joseph und Mutter Katherine (geborene Scruse) waren im 19. Jahrhundert als Sklaven von der afrikanischen Küste in die USA gebracht worden, die konkreten Ursprünge der Jackson-Familie können nicht eindeutig belegt werden. Dennoch reiste MJ immer wieder in verschiedene Länder Afrikas, um auf den Spuren der Ahnen zu wandeln, das erste Mal, als er gerade 14 ist. Reiseziel damals: Dakar im Senegal. „Ich liebe Afrika aus tiefstem Herzen, ich liebe seine Menschen. Dieser Kontinent ist wunderschön, mit traumhaften Stränden, Urwäldern, großen Städten, Ländern wie Kenia, Ruanda, Elfenbeinküste!" Mit einer Fläche von über 30 Millionen Quadratkilometern ist Afrika etwa dreimal so groß wie Europa und über 80 Mal so groß wie Deutschland. Später bereist er Tansania, Ägypten (sein Videoclip zu „Remember The Time" mit altägyptischen Motiven darf als Hommage verstanden werden) und nach Südafrika, wo er mit Nelson Mandela Freundschaft schließt. Überall wird er als Superstar gefeiert, sein Abbild ist zu sehen auf

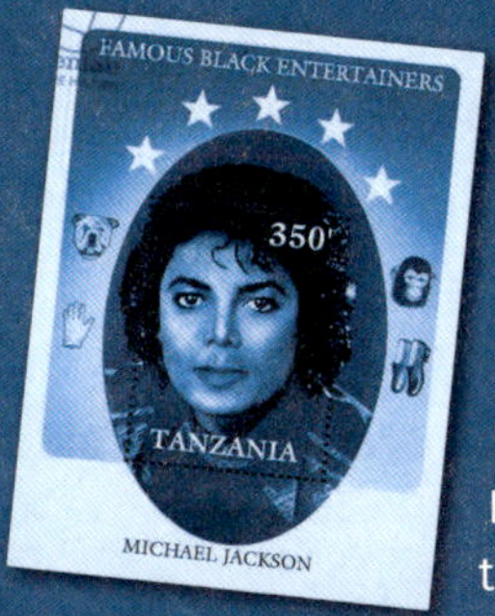

Postern, T-Shirts und in Tansania sogar auf einer Briefmarke der Reihe „Famous Black Entertainers". Spannend gestaltet sich auch die Reise nach Gabun. In der Hauptstadt Libreville wird Michael von Präsident Omar Bongo Ondimba mit der Ehrenmedaille der westafrikanischen Nationen ausgezeichnet. Der Präsident erklärt Jackson, dass er der erste Entertainer sei, dem diese Ehre zuteil werde.

Im Rahmen seiner „HIStory"-World-Tour gibt MJ 1996/97 sechs Konzerte auf dem afrikanischen Kontinent, in Tunesien, Ägypten, Marokko und Südafrika. Im März 1999 besucht Michael, der fasziniert ist von der Vielseitigkeit afrikanischer Kultur, seinen Freund Nelson Mandela in Kapstadt, Südafrika, am 4. September 1999 erhält er den „Lifetime Achievement Award", einen der wichtigsten afrikanischen Musikpreise, in Sun City, Südafrika. Während der Show übergibt Michael Jackson Mandela einen Scheck über eine Million südafrikanische Rand für den „Nelson Mandela Children's Fund" und das Rote Kreuz.

Doch das absolute Highlight ereignet sich bereits Anfang der 1990er. Am 15. Februar 1992 wird der „King of Pop" in Krindjabo, Elfenbeinküste, während einer feierlichen Zeremonie im Beisein von Oberhäuptern verschiedener Stämme von Chief Amon N' Djaolk ehrenhalber zu einem „König der Sanwis" gekrönt. Mit „Merci beaucoup, thank you very much" bedankt sich MJ tief gerührt bei den französischsprachigen Anwesenden, während er auf einem Thron Platz nehmen darf und Frauen ihm zu Ehren einen zeremoniellen Tanz aufführen. In dem westafrikanischen Land trägt er fortan den Namen „King Sani" ...

„Oh! You're here …"

Erst Weltpremiere, dann Aftershow-Party. Und plötzlich fahre ich Autoscooter – mit dem „King of Pop" …

Ende Juni 1992 weilt Michael Jackson in München, aus besonderem Anlass: die Weltpremiere seiner „Dangerous"-Tour! Hintergrund: München ist Hauptsitz von Impresario Marcel Avram und Mama Concerts, die alle MJ-Welttourneen organisieren. Schon 1972 hatte Avram die Jackson 5 nach Deutschland geholt. Die Tage vor dem großen Event nutzt Michael, um ein Musikvideo zu drehen, zur Single „Give In To Me", einer Hardrock-Ballade. Drehort: der Nachtwerk-Club (*nicht* das Zenith, wie in einem Wikipedia-Artikel angegeben!). Rund 500 Fans werden am 25. Juni per Radioaufruf zum Performance-Clip in den Club in der Landsberger Straße 185 eingeladen. Auch am Start: Guns-N'-Roses-Gitarrero Slash, der den Track mit Jackson im Studio eingespielt hat. Interessant und kaum bekannt: Erol Sander (bürgerlich: Urçun Salihoğlu, „Mordkommission Istanbul"), damals Model und noch nicht als Schauspieler bekannt, spielt im Clip eine Komparsenrolle. Sein Job: mit einem Girl wild knutschen …

Am 27. Juni endlich der ganz große Moment: Im Olympiastadion feiert MJ den Auftakt seiner Welttournee „Dangerous" (69 Konzerte, 3,5 Mio. Zuschauer). Es ist eine erwartungsgemäß atemberaubende Show. Mit großen Hits, Jackson-5-Medley und neuen Tracks wie „Jam", „Will You Be There", „Black Or White" und „Heal The World". Michael wirbelt über die Bühne, von der er sagt, sie sei „der einzige Platz, an dem ich mich wirklich sicher fühle!" 72.000 Fans im ausverkauften Rund rasten aus. Zum Abschluss der „Flying Man"-Stunt: Gegen Ende von „Man In The Mirror" steigt MJ in einen Astronautenanzug und fliegt als „Rocketman" aus dem Stadion, während eine Stimme verkündet: „Michael Jackson has left the stadium." In Wahrheit fliegt natürlich ein Stuntman im identischen Outfit.

Erste Begegnung im Autoscooter:
Autor Gernandt (r.) 1992 mit MJ

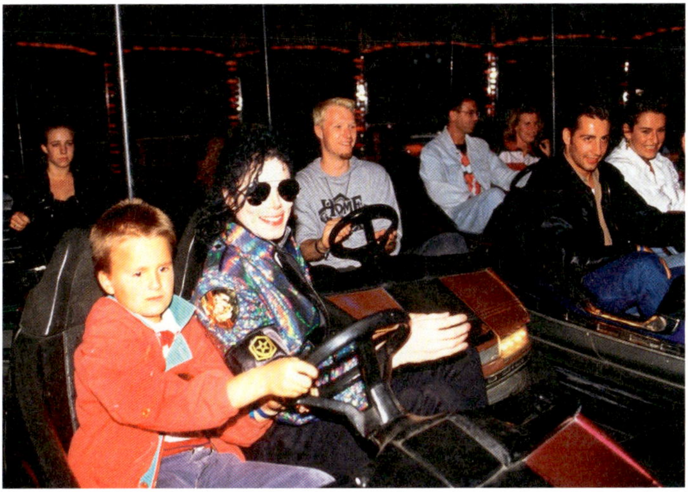

Ich konnte eins der edlen schwarz-goldenen Tickets für die Aftershow-Party ergattern und gehe hin – in der Annahme, dass der scheue „King of Pop" nicht erscheinen wird. Das Fest findet in der Kleinen Olympiahalle statt, die halb unterirdisch versteckt liegt. Ich staune: In der sich sehr langsam füllenden Halle ist ein Jahrmarkt aufgebaut, mit Spielbuden, Karussell, Zuckerwatte. Ganz hinten: ein Autoscooter! Ich drehe eine nostalgische Runde. Und erstarre. In einem der Scooter sitzt Michael, und zwar der echte! Neben ihm der neunjährige Albert von Thurn und Taxis, der von Mutter Gloria begleitet wird. Mein Scooter stößt mit dem von MJ zusammen, wir müssen lachen, alle haben Spaß. Kaum einer der anderen Gäste bemerkt, dass Michael anwesend ist. Er hat sich durch eine Hintertür auf seine eigene Party geschlichen. Nach der Fahrt stehe ich an der Autoscooter-Treppe, als MJ direkt an mir vorbeigeht. Ich bin so perplex, dass mir spontan nur „Oh, you're here, that's great!" einfällt. Jackson bleibt kurz stehen, lächelt, sagt „Thank you!" und verschwindet wieder von seiner Feier. Dies sind die ersten banalen Worte, die ich mit ihm wechsle. Dass es ein gutes Jahr später in Istanbul zu einem offiziellen Treffen kommen wird, halte ich damals nicht für möglich.

AHA!

Eat it!

Lebte Michael Jackson vegan, war er Vegetarier oder aß er auch Fleisch? Ein Blick auf seine Essgewohnheiten ...

„Have some more chicken/ have some more pie/ It doesn't matter if it's broiled or fried/ Just eat it, eat it ...“ Zur Melodie von „Beat It“ schrieb „Weird Al“ Yankovic 1984 die Parodie „Eat it“, die Michael sehr amüsant fand. Und wie ernährte sich der „King of Pop“? Ein Blick auf das Menü der Neverland Ranch zeigt's: Suppen, Salate mit Thunfisch, Truthahn, Avocado, Burger (auch Veggie!), Sandwiches, spicy Fingerfood, aber genauso Peperoni-Pizza, Zwiebelringe, Käsesticks und als Desserts Eiscreme oder Fruchtcocktail. Michael achtete auf gesunde Ernährung, aß seit den späten 1970ern überwiegend vegetarisch. „Ich esse nichts gern, das zuvor noch gelebt hat“, sagte der Tierfreund, der einst das Cover der Vegetarian Times zierte. Er verzichtete auf rotes Fleisch, aß lieber Huhn, Wildreis und Gemüse. Aus Pasta machte er sich nichts. Ab und zu gönnte er sich Süßigkeiten, allerdings keine Schokolade, lieber Kaugummis: Vor einem Treffen in Chicago im Dezember 1994 entdeckte ich seinen Assistenten Scott „House“ Shaffer in der Shopping-Abteilung des Ritz Carlton Hotels mit einer XXL-Packung

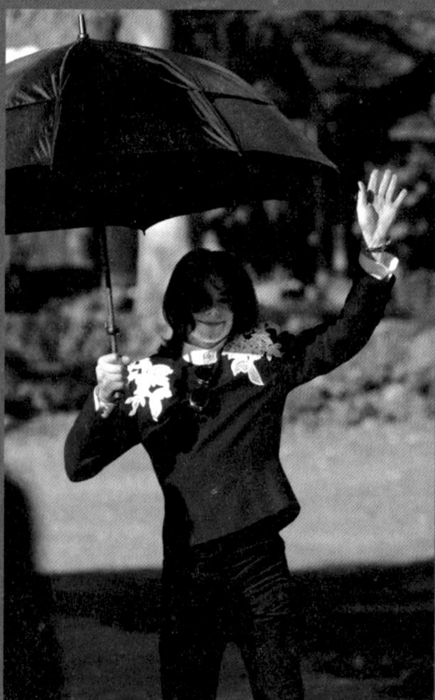

MJ beim Spaziergang auf Neverland

Hubba Bubba für MJ. Jacksons Lieblingsrestaurant war das Casa Vega, ein Mexikaner am Ventura Boulevard in Sherman Oaks, unweit seines Elternhauses in Encino. Dort bestellte er Enchiladas mit rotem Chili. Für Tourneen engagierte er eigene Köche, auf der „Dangerous"-Tour etwa den Inder Sadhana Khalsa. Der Schauspieler und Bodybuilder Lou Ferrigno („Der unglaubliche Hulk") machte als Fitnesscoach MJ für Tourneen fit. Er berichtet: „Manchmal aß Mike nur eine Mahlzeit am Tag!" In den Medien wurde oft über Essstörungen spekuliert. Fakt ist: Michael war immer schlank und drahtig, 65 Kilo bei einer Körpergröße von 1,75 m. Fakt ist auch, dass er Essen und Trinken vernachlässigte, wenn er für eine Tour probte und unter Erfolgsdruck stand. Das gab er offen zu.

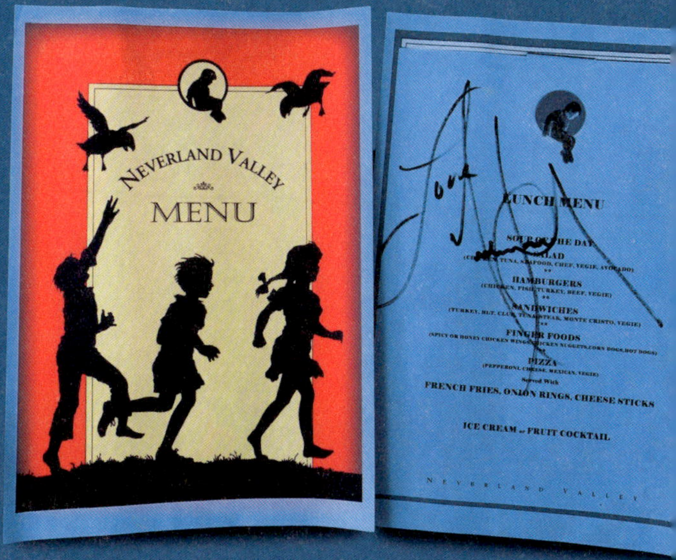

AHA!

„Eesh leeba oish!"

Sprach Michael Jackson deutsch? Nicht wirklich! Aber als er seinen Fans hierzulande eine wichtige Botschaft zukommen lassen wollte, hatte sein deutscher Bodyguard George eine großartige Idee ...

MJ liebte Deutschland. Er verbrachte gern Zeit in unserem Land, besuchte (bis zur Unkenntlichkeit verkleidet) den Berliner Zoo, hatte Spaß im Phantasialand in Brühl, wo ihm zu Ehren eine Achterbahn „Michael Jackson Thrill Ride" benannt wurde. 2006 übernachtete er in Hamburg bei der befreundeten Familie Schleiter – Vater Wolfgang, Musikmanager, und den Kindern Anton und Franziska –, die er im November 1995 bei „Wetten, dass ...?" kennengelernt hatte (und die ihn in puncto Kindesmissbrauch-Vorwürfe immer verteidigten). Und er war oft zu Gast im Hotel Bayerischer Hof in München, vor dessen Haupteingang seit dem 26. Juni 2009 die Orlando-di-Lasso-Statue von Fans in ein kunstvoll dekoriertes, dauerhaftes MJ-Denkmal umfunktioniert wurde. Michael liebte seine deutschen Fans. Und das wollte er ihnen kundtun – in Landessprache! 1992 während der „Dangerous"-Tour, die am 27. Juni im Münchener Olympiastadion Weltpremiere feierte. Michaels deutscher Bodyguard und Fahrer George Kerwinski muss sich damals an den geschichtsträchtigen Auftritt von US-Präsident John F. Kennedy am 26. Juni 1963 in West-Berlin erinnert haben. Der sagte während seiner Rede vor dem Rathaus Schöneberg fast akzentfrei den legendären Satz: „Ich bin ein Berliner!" Zuvor hatte ein Dolmetscher mit JFK die schwierige phonetische Aussprache eingeübt – mit Hilfe eines Zettels, auf dem stand: *„Ish bin ein Bearleener"*. Nachdem ihm Michael gesagt hatte, er wolle seinen Fans im Konzert unbedingt „I love you!" zurufen – aber eben auf Deutsch –, nahm George ein Stück Papier und schrieb: *„Eesh leeba oish"*. Die Liebeserklärung kam an, der Jubel war Michael gewiss.

M J J PRODUCTIONS
COMMUNICATIONS DIVISION

January 6, 1994

Dankesbrief: MJ schrieb 1994 an die BRAVO-Leser und bedankte sich für ihren Support in schwerer Zeit

Bravo Magazine Readers
c/o Alex Gernandt
Editor
Bravo Magazine
Charles - De - Gaulle - Str 8
8000 Munchen 83
Munich, Germany

Dear Bravo Magazine Readers:

Thank you for the love and support you recently showed me by sending many wonderful letters and gifts.

I sincerely appreciate your undying love, compassion, concern, and support during these times, it really means a lot to me.

I have been strengthen in my fight to prove my innocence by my faith in God and by the knowledge that I am not fighting this battle alone. Together we will see this through.

I love you all.

Always,

Michael Jackson

MJ: ki

cc: Bauer Publishing Company, L.P.

10960 Wilshire Boulevard Suite 2204
Los Angeles, California 90024 (213) 478-7966 FAX (213) 478-7614

ALS REPORTER IM MJ-UNIVERSUM …

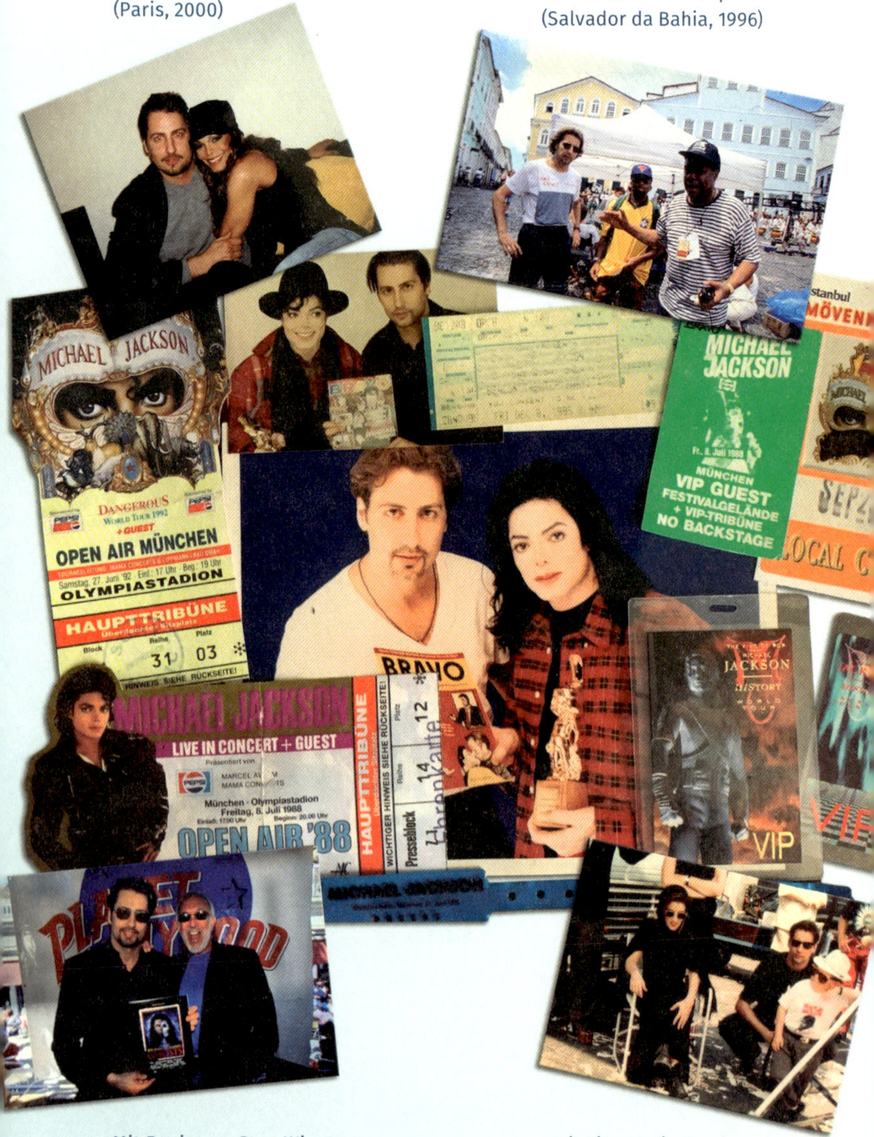

Mit Janet Jackson
(Paris, 2000)

Mit Bob Jones und Spike Lee
(Salvador da Bahia, 1996)

Mit Regisseur Stan Winston
(Cannes, 1997)

Mit Lisa Marie Presley
(Budapest, 1994)

Michael Jackson. Eine Zeitreise

Michael Joseph Jackson kommt als siebtes von neun Kindern in Gary, Indiana, zur Welt. **29.08.1958**

Michael singt „Climb Ev'ry Mountain" (aus dem Musical „Sound Of Music") an der Garnett Elementary School. Sein erster öffentlicher Auftritt. **1963**

Michael und Marlon steigen in die Band ihrer Brüder ein. Aus The Jackson Brothers werden The Jackson 5. **1966**

Erster Auftritt der Jackson 5 im Nightclub Mr. Lucky's in Gary. **1966**

Bei Steeltown Records erscheinen die ersten zwei J5-Singles: „Big Boy" und „We Don't Have To Be Over 21". **1968**

Umzug der Jacksons von Gary, Indiana, nach Los Angeles. **1968**

Motown Records nimmt die Jackson 5 unter Vertrag. **1969**

Ihre Single „I Want You Back" wird ihr erster US-Nr.-1-Hit! Es folgen „ABC", „The Love You Save", „I'll Be There". **15.11.1969**

Umzug der Jacksons nach Encino, Kalifornien. **05.05.1971**

Michael startet seine Solokarriere mit dem Album „Got To Be There". „Rockin' Robin", „I Wanna Be Where You Are" und später „Ben" werden Solo-Hits. **24.01.1972**

Erste Jackson-5-Europatournee mit MJ, inkl. München (4.11.) und Osnabrück (5.11.). **Herbst 1972**

Juni 1975 Jackson 5 wechseln von Motown zu Epic Records und nennen sich fortan The Jacksons.

Mai 1977 The Jacksons treten während ihrer Europatournee in Glasgow anlässlich des 25-jährigen Kronjubiläums von Königin Elizabeth II. auf.

24.10.1978 MJs Filmdebüt als Vogelscheuche in „The Wiz". Der Film basiert auf „The Wizard Of Oz". Diana Ross spielt Dorothy, die weibliche Hauptrolle. Produzent des Soundtracks ist Quincy Jones.

10.08.1979 MJs „Off The Wall"-Album erscheint. „Don't Stop 'Til You Get Enough" und „Rock With You" werden US-Nr.-1-Hits.

1980 MJ gewinnt seinen ersten Grammy für „Best R&B Male Vocal Performance".

30.11.1982 „Thriller"-Album erscheint. Welt-Hits u. a. „The Girl Is Mine", „Billie Jean", „Beat It", „Thriller" und „Wanna Be Startin' Somethin'".

25.03.1983 „Motown 25: Yesterday, Today, Forever": Bei der Jubiläumsshow des Labels performt MJ erstmals den „Moonwalk".

02.12.1983 Das Musikvideo zu „Thriller" erscheint.

27.01.1984 Beim Werbedreh für Pepsi erleidet MJ lebensgefährliche Verbrennungen 3. Grades, als eine Pyrobombe explodiert. Er muss mehrfach operiert werden, bekommt starke Schmerzmittel.

28.02.1984 MJ gewinnt 7 Grammys für „Thriller" und einen weiteren für „Best Recording for Children" („E.T. the Extra-Terrestrial"-Storybook) – Rekord!

14.05.1984 Als erster schwarzer Künstler wird MJ von US-Präsident Ronald Reagan und dessen Frau Nancy im Weißen Haus empfangen.

„Victory"-Tour der Jacksons in den USA mit „Thriller"-Special von MJ. 55 Konzerte. **06.07. - 09.12.1984**

MJ wird mit einem Stern am Hollywood Walk Of Fame geehrt. Adresse: 6927 Hollywood Blvd. **20.11.1984** ....

„We Are The World", eine Benefiz-Allstar-Single für Afrika, komponiert von MJ und Lionel Richie, erscheint. **08.03.1985** ......

„Captain EO" erscheint – Sci-Fi-Kurzfilm mit MJ. Regisseur: Francis Ford Coppola, Drehbuch: George Lucas („Star Wars"). **1986** ....

„Bad"-World-Tour-Start in Tokio. **12.09.1987** ....

MJs Autobiografie „Moonwalk" erscheint. Die Idee dazu stammt von Jackie Onassis (Kennedy). **01.02.1988** ....

Für 17 Mio. US-Dollar kauft MJ die Sycamore Valley Ranch (vormals Zaca Laderas Ranch), ein großes Anwesen bei Los Olivos, Kalifornien. Er nennt es „Neverland" nach „Peter Pan". **19.03.1988** ....

Bei einem Konzert im Londoner Wembley-Stadion trifft MJ Lady Diana und Prinz Charles. **16.07.1988** ....

„Bad"-Album erscheint. **31.08.1988** ....

„Moonwalker"-Film kommt in die Kinos. **29.10.1988** ....

US-Präsident George Bush Sr. ehrt MJ mit dem „Artist of the Decade"-Award im Weißen Haus in Washington. **05.05.1990** ......

„Thriller" erreicht 21fache Platinauszeichnung und wird vom Guinness-Buch der Rekorde als meistverkauftes Studio-Album aller Zeiten gelistet. **1990** ....

.... 21.11.1991 „Dangerous"-Album erscheint.

.... 01.05.1992 Im Weißen Haus wird MJ von US-Präsident George Bush Sr. mit dem „Points of Light Ambassador"-Award geehrt.

.... 27.06.1992 „Dangerous"-World-Tour-Start im Olympiastadion München.

.... 17.01.1993 MJ performt bei der Inaugurationsfeier von US-Präsident Bill Clinton in Washington. Auch dabei: Diana Ross, Aretha Franklin, Elton John, Stevie Nicks und Stevie Wonder.

.... 31.01.1993 MJ bestreitet als erster Pop-Superstar die Halftime-Show der NFL-„Superbowl XXVII" in Pasadena, Kalifornien.

.... 23.09.1993 Erste BRAVO-Gold-Otto-Überreichung an MJ bei der „Dangerous"-World-Tour im Inönü-Stadion Istanbul.

.... 26.05.1994 MJ heiratet Lisa Marie Presley, Tochter von Elvis Presley († 1977).

.... 12.12.1994 BRAVO-Gold-Otto-Überreichung an MJ in einem Fotostudio in Chicago, wo er „You Are Not Alone" aufnimmt.

.... Mai 1995 „Scream"-Videodreh in den Universal Studios, Hollywood.

.... 14.06.1995 „HIStory – Past, Present And Future – Book I"-Album erscheint, produziert von Quincy Jones, Michael Jackson, David Foster, Bruce Swedien, Bill Bottrell u. a.

.... 04.11.1995 „Wetten, dass ...?"-Auftritt in Duisburg. 17,8 Mio. TV-Zuschauer. BRAVO-Gold-Otto-Überreichung backstage.

.... 06.12.1995 Bei der Aufzeichnung zum HBO-Special „One Night Only" kollabiert MJ im Beacon Theatre in New York.

.... 19.01.1996 Scheidung von Lisa Marie Presley.

Videodreh zu „They Don't Care About Us". **Februar 1996** ....

„Stranger in Moscow"-Videodreh. BRAVO-Gold-Otto-Überreichung an MJ. **02.07.1996** ....

MJ wird als erster Künstler mit dem BRAVO-Platin-Otto („Lifetime Achievement Award") ausgezeichnet. Übergabe in L.A. . MJ nimmt eine Danksagung per Video auf, die bei der BRAVO-Jubiläumsgala zum 40. Geburtstag auf Sat.1 gezeigt wird. **August 1996** .....

„HIStory"-World-Tour-Start in Prag vor 120.000 Fans. **07.09.1996** ....

Hochzeit mit Arzthelferin Debbie Rowe in Sydney. Sie wird die Mutter seiner Kinder Prince Michael Jr. (13.02.1997) und Paris Katherine (03.04.1998). **14.11.1996** ....

„Ghosts"-Kurzfilm erscheint, Regie: Stan Winston. **12.12.1996** ....

MJ wird mit The Jackson 5 in die Rock and Roll Hall Of Fame aufgenommen. **06.05.1997** ....

„Blood On The Dancefloor – HIStory In The Mix"-Album erscheint. **13.05.1997** ....

MJ erneut zu Gast bei „Wetten, dass ...?", diesmal in Saarbrücken. **20.03.1999** ....

„Michael Jackson & Friends"-Benefiz-Konzert im Olympiastadion München. Gegen Ende der Show stürzt MJ auf der Bühne und muss im Klinikum rechts der Isar ambulant behandelt werden. **27.06.1999** ....

Scheidung von Debbie Rowe. MJ erhält das Sorgerecht für die Kinder. **08.10.1999** ....

MJ wird als Soloartist in die Rock and Roll Hall Of Fame aufgenommen (Laudatio: Justin Timberlake). **19.03.2001** ....

. 07. & 10.09.2001	MJ feiert sein 30. Solo-Bühnenjubiläum mit einer Best-Of-Show und Stargästen im Madison Square Garden in New York.
.... 30.10.2001	„Invincible“-Album erscheint. Produktionskosten: etwa 30 Mio. US-Dollar. Das teuerste Album aller Zeiten.
.... 2002	„What More Can I Give“ erscheint, eine All-Star-Charity-Single von MJ für die Opfer von „9/11“ .
.... 17.11.2003	MJ dreht in Las Vegas den Clip zu „One More Chance“ (Regie: Nick Brandt). Letzte Single zu Lebzeiten.
...... 13.06.2005	Beim Prozess im Fall Gavin Arvizo wird MJ vor Gericht in Santa Maria, Kalifornien, in allen Punkten freigesprochen.
...... 08.02.2008	„Thriller 25“-Album zum 25. Jahrestag.
...... 05.03.2009	„This Is It“ – Comeback-Pressekonferenz London.
...... 13.03.2009	Alle „This Is It“-Konzerte sind ausverkauft (geplanter Tournee-start: 13.07.2009).
...... 20.04.2009	Proben für „This Is It“ beginnen in Los Angeles mit Regisseur Kenny Ortega.
...... 25.06.2009	MJ stirbt in seinem Haus in Holmby Hills, L.A. Um 14.26 Uhr wird im Ronald Reagan UCLA Medical Center sein Tod festgestellt.
...... 07.07.2009	Trauerfeier im Staples Center. MJ wird im Forest Lawn Memorial Park in Glendale, Kalifornien, beerdigt.
...... 28.10.2009	„This Is It“-Dokufilm und Soundtrack erscheinen.
.... 10.12.2010	„Michael“-Album erscheint. Kontrovers: drei Tracks wurden nicht von MJ eingesungen.

„Immortal"-Album zur Cirque-du-Soleil-Show erscheint. **21.11.2011**

„Bad 25"-Album zum 25. Jahrestag erscheint. **18.09.2012**

Premiere der Cirque-du-Soleil-Show „Michael Jackson One" in Paradise, Las Vegas. **29.06.2013**

„Xscape"-Album erscheint. **09.05.2014**

MJ ist mit einem Umsatz von 825 Mio. Dollar der meistverdienende tote Künstler des Jahres. **2016**

„MJ's Journey from Motown to Off The Wall"-Doku erscheint. **24.01.2016**

„Scream"-Best-Of-Album wird veröffentlicht. **29.09.2017**

Die umstrittene Doku „Leaving Neverland" von Regisseur Dan Reed erscheint. **25.01.2019**

„MJ the Musical" (mit Myles Frost) feiert am Broadway Premiere. **06.12.2021**

„MJ the Musical" wird in New York mit vier Tonys ausgezeichnet. **12.06.2022**

An MJs 64. Geburtstag wird die Single „Man In The Mirror", neu aufgenommen von Siedah Garrett und dem Musical-Cast „Thriller Live", veröffentlicht – zugunsten der Opfer des Ukraine-Krieges. **29.08.2022**

„Thriller 40"-Album erscheint zum 40. Jubiläum, remastered samt neuem Cover und Bonus-Material. **18.11.2022**

AHA!

Superbowl-Sensation!

Wie eine junge US-Comedy-Serie das große NFL-Finale herausfordert – und so zu einem von MJs größten TV-Triumphen führt …

Am 31. Januar 1993 steigt in der Rose Bowl von Pasadena, Kalifornien, das Football-Finale „Superbowl XXVII“ zwischen den Buffalo Bills und den Dallas Cowboys (Sieger), live übertragen in 120 Länder der Erde. Auf der Halftime-Show des wichtigsten US-Sport-Spektakels liegt bis zu diesem Zeitpunkt kein besonderes Augenmerk, in den vergangenen Jahren traten weiße Marschkapellen oder das Chor-Ensemble „Up With People“ auf.

Im Jahr zuvor hatte das Gegen-Programm auf FOX – die beliebte junge Comedy-Show „In Living Color“ mit Keenen Ivory Wayans und Jim Carrey – während der langatmigen Halbzeit-Show dem Superbowl-Sender CBS gar 20 Millionen Zuschauer abgenommen. Die mächtige NFL geschlagen von der frechen Comedy-Konkurrenz? Das ist eine Kampfansage. Die NFL-Organisation will mehr Mainstream-Kunden gewinnen, nicht nur Football-Fans. Und wie? Mit Hilfe eines spektakulären Halftime-Show-Acts. Einem echten Superstar – und zwar dem Größten: Michael Jackson! Traditionell wird keine Gage gezahlt, aber MJs Manager Sandy Gallin erreicht, dass die Veranstalter Michaels „Heal The World Foundation“ 100.000 US-Dollar spenden.

MJs Show, eine 12-Minuten-„Extravaganza“, wird mit Hochspannung erwartet. Schauspieler James Earl Jones kündigt live im Stadion „ein nie dagewesenes Superbowl-Spektakel starring Michael Jackson“ an. Zu Beginn steht der „King of Pop“ (bzw. sein Bodydouble) hoch oben auf einer gigantischen Jumbotron-Anzeigetafel, im nächsten Moment wie von Zauberhand mitten auf der Bühne in weißem Hemd und dunkler Uniformjacke, sonnenbebrillt und mit wehender Mähne. Geschlagene 72 Sekunden verharrt er starr wie eine Statue – etwa zwei Millionen US-Dollar würde ein Werbeclip in dieser Länge kosten. Jubel brandet auf wie ein Crescendo, die Spannung steigt – für Michael ein unbeschreiblicher Thrill, wie er einmal zugab. Dann endlich legt der „King of Pop“ los – mit Gitarristin Jennifer Batten und den Hits „Jam“, „Why You Wanna Trip On Me“, „Billie Jean“ und „Black Or White“, es folgt ein Chor von 3500 Kids, die mit Michael „We Are The World“ und „Heal The World“ singen. Irre: Die Dallas-Cowboys-Spieler (und MJ-Fans!) Michael Irvin und Charles Haley schleichen sich in der Halbzeitpause heimlich aus der Mannschafts-Kabine, um die Jackson-Show zu sehen!

Die TV-Quoten der Halftime-Show explodieren und sind erstmals in der Geschichte der NFL höher als während des Spiels. Das inspiriert die Macher, weiterhin Superstars zu engagieren. Unvergessen: Prince, der 2007 im Regen von Miami „Purple Rain“ singt, Justin Timberlake, der 2004 im Duett mit Michaels Schwester Janet den „Nipplegate“-Skandal auslöst, oder Lady Gaga, die 2017 Houston rockt. Doch es ist und bleibt Michael Jackson, der 1993 mit seiner Wahnsinns-Performance mal wieder ein Exempel statuiert und die Halftime-Show zum „heiligen Gral der US-Live-Events“ macht, zu einem Stück TV-Geschichte – in Pasadena, wo er zehn Jahre zuvor bei „Motown 25“ erstmals seinen „Moonwalk“ tanzte ...

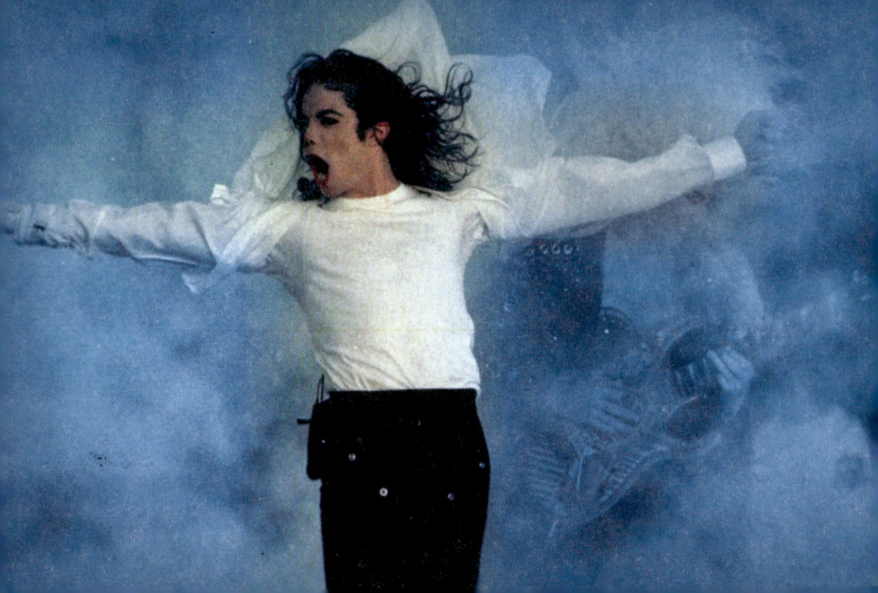

Mit „Otto“ in Istanbul

Michael Jackson, der scheue Popstar, meidet die Medien. Doch im September 1993 habe ich, damals BRAVO-Reporter, unfassbares Glück – dank „Otto“...

„Der Herr dahinten, das ist übrigens Bob Jones, der PR-Manager von Michael“, erklärt mir Impresario Marcel Avram im Mai 1993, als wir in der Lobby des Hôtel de Paris in Monaco zusammenstehen. Es ist der Tag der World Music Awards, MJ wird abends bei einer Gala im Sporting Club mit einem Ehrenpreis ausgezeichnet, im Beisein von Prinz Albert. Ich habe nichts zu verlieren und stelle mich Mr. Jones vor, ein stattlicher Afroamerikaner, Mitte 50. „Yes, I have heard of BRAVO ...“, brummt er. Ich berichte ihm von mehreren BRAVO-Gold-Ottos, die sein Künstler bisher in der Kategorie bester Sänger gewonnen, aber nie entgegengenommen hat. „Give me your card“, sagt Jones in harschem Ton. Ich gehe davon aus, nie wieder von ihm zu hören. Irrtum! Drei Wochen später erreicht mich ein Telefax (ja, die 1990er ...) von MJJ Productions: Ich soll am 23.9. nach Istanbul kommen zum Konzert der „Dangerous“-Tour – und den BRAVO-Award nicht vergessen. Ich bin baff. MJ empfängt keine Journalisten! Macht er für BRAVO eine Ausnahme? Mitte August plötzlich üble Schlagzeilen: Michael Jackson wird des Kindesmissbrauchs bezichtigt. Er bricht zusammen, beteuert seine Unschuld, einige Konzerte in Asien werden abgesagt. Den Termin in Istanbul können wir vergessen, denke ich. Doch es kommt keine Absage. Mit Fotograf Fryderyk Gabowicz und BRAVO-Leserin Karina, die bei der BRAVO-Otto-Wahl für MJ gestimmt hat, fliege ich in die Türkei. Zwei Tage später. Im Konvoi mit fünf Vans (in einem sitzt Michael) fahren wir samt Polizeieskorte vom Mövenpick Hotel in Maslak, Istanbul, zum Inönü-Stadion. Backstage, 19.35 Uhr. Bob Jones deutet auf eine Tür. „Geht da rein und wartet.“ Der Raum ist vollgepackt mit Blitzanlagen, man hat kaum Platz. Da erscheint er –

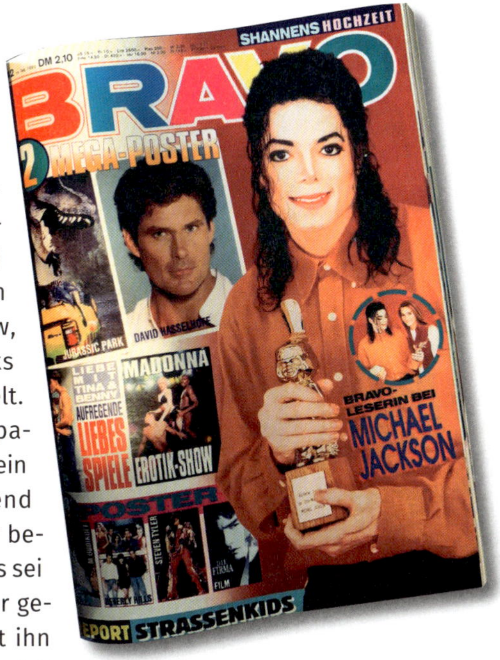

Michael! Uniformhose, orangefarbenes Hemd, keine Maske (die trägt er nur zum Schutz vor Paparazzi). Unfassbar! Ich stelle mich vor, überreiche MJ den Gold-Otto im Namen der BRAVO-Leser. „Wow, thank you, this award looks great“, sagt er ungekünstelt. Seine Stimme, leise, empathisch, fast zerbrechlich, sein Händedruck überraschend fest, keineswegs fragil. Er betrachtet den Gold-Otto, als sei es der erste Award, den er gewinnt, würdigt ihn, küsst ihn für ein Foto. Seine Freude wirkt aufrichtig. Aber man merkt MJ an: Die Negativ-Schlagzeilen um den Vorwurf des sexuellen Missbrauchs an Jordan Chandler machen ihm zu schaffen (Jahre später wird Jordan zugeben, von seinem Vater Evan zur Lüge gezwungen worden zu sein. Die hohe Abfindungszahlung, zu der Michaels Manager rieten, um die laufende Tournee nicht zu gefährden, und die viele als Schuldgeständnis MJs deuteten, hat die Familie aber angenommen). Der BRAVO-Gold-Otto, ein Fanpreis, ist für ihn ein Lichtblick in düsterer Zeit. Er umarmt Karina: „Sag den Fans, dass ich sie liebe!“ Nach wenigen Minuten ist der Zauber vorbei. 60.000 warten auf den „King of Pop“. Um 21.35 Uhr wird er aus einem Loch auf die Bühne katapultiert, landet im Stadion wie ein Außerirdischer. Auf der VIP-Tribüne Mutter Katherine, eigens eingeflogen, um ihren Sohn zu unterstützen.

Best Mate McCartney?

Ein Track auf dem „HIStory"-Album ist der gecoverte Beatles-Song „Come Together". Zeichen inniger Freundschaft von Pop-King Michael Jackson und Beatles-Ikone Paul McCartney?

„Macca" und Michael kannten sich seit Mitte der 1970er. 1979 sang Michael den McCartney-Song „Girlfriend" auf seiner bahnbrechenden „Off The Wall"-LP. Paul hatte ihn bereits 1974 für MJ geschrieben, doch der hatte damals abgelehnt. Jahre später brachten ihr gemeinsamer Business-Manager Ron Weisner und ihr gemeinsamer Plattenboss Walter Yetnikoff Paul und Michael näher zusammen. Die Freundschaft der beiden großartigen Songwriter trug musikalische Früchte: die Duette „The Girl Is Mine" als Vorabsingle von MJs „Thriller" und „Say Say Say" von Maccas Album „Pipes Of Peace". Dann legte sich ein Schatten über die Freundschaft. In einem Interview, das ich im Mai 1989 mit McCartney führte, berichtet er: „Michael besuchte Linda und mich auf unserer Farm in East Sussex. Wir hatten Spaß im Studio, schrieben ‚Say Say Say' und einen Song namens ‚The Man', gingen spazieren und unterhielten uns. Michael wollte von mir alles übers Musikbusiness wissen, das Thema Songrechte interessierte ihn. Ich gab ihm Tipps. Plötzlich grinste er: ‚Ich werde die Songrechte der Beatles kaufen'. Ich grinste zurück – weil ich es für einen Scherz hielt!"

War es aber nicht. Am 14. August 1985 erstand MJ den kompletten Songkatalog der Beatles. „Jetzt fragen sich manche, wie es überhaupt sein kann, dass man die Rechte an Beatles-Songs kaufen kann", so Paul. „Na ja, John und ich waren damals ziemlich jung und unerfahren. Wir dachten, einen Song komponiert und spielt man, aber ‚besitzen' kann man ihn nicht, denn er ist ja wie Luft. Um Rechte kümmerten wir uns nicht. Wie dem auch sei, vor vier Jahren bot mir Lord Lew Grade, Chef von Associated Tele-Vision (ATV) und Teilhaber des Musikverlags Northern Songs, an,

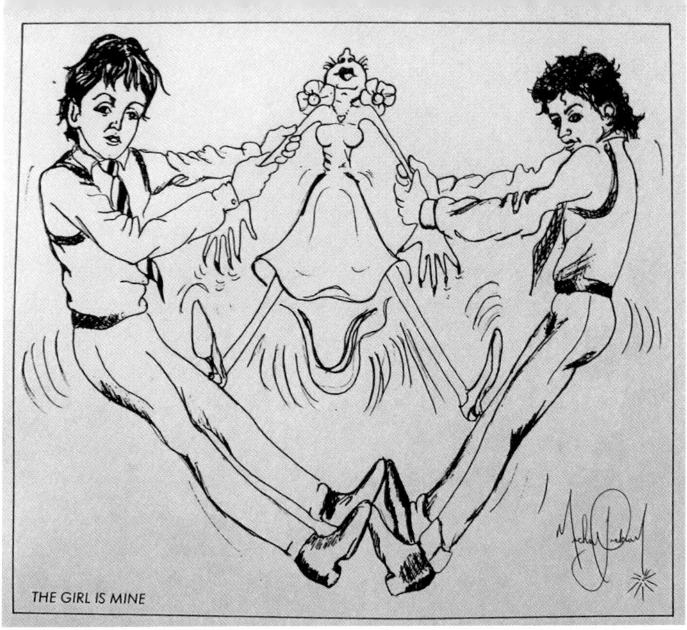

THE GIRL IS MINE

die Rechte an den Beatles-Songs zurückzukaufen. Ich wollte sie aus moralischen Gründen aber nicht alleine besitzen, weil die 251 Lieder ja auch meinem Freund John Lennon gehörten, der 1980 ermordet wurde. Also schaltete ich seine Witwe Yoko Ono ein. Sie wollte den Preis runterhandeln. Doch Michael Jackson bot mit 47,5 Millionen Dollar deutlich mehr und bekam den Zuschlag."

Pauls Beziehung zu MJ war fortan belastet, denn bald gab Jackson Beatles-Perlen für Werbezwecke frei – etwa „All You Need Is Love" (Procter & Gamble), „Revolution" (für Nike) oder „Good Day Sunshine". „Dass er unsere Lieder für Reklame verscherbelt, das nehme ich ihm übel", erklärte McCartney. „Die Beatles haben nie Songs für Werbung verkauft, das war unter unserer Würde." Einen Beatles-Titel sang Michael selbst nach: Im Film „Moonwalker" (und auf dem „HIStory"-Album) ist seine Version des rockigen Fab-Four-Klassikers „Come Together" zu hören. Michael und Macca allerdings sind kaum noch zusammengekommen. Nur einmal besuchte ihn Paul noch mit seiner Frau Linda († 1998) Anfang der Neunziger am Set des Videos „Black Or White". Nach MJs Tod fand Sir Paul versöhnliche Worte: „Michael war unglaublich talentiert. Es war ein Privileg mit ihm zu arbeiten. Seine Musik wird bleiben. Meine Erinnerungen an ihn sind nur gute!"

HIStory in Budapest

Im August 1994 kommt es zum Wiedersehen mit Michael. In Budapest setzt sich der „King of Pop“ ein Denkmal …

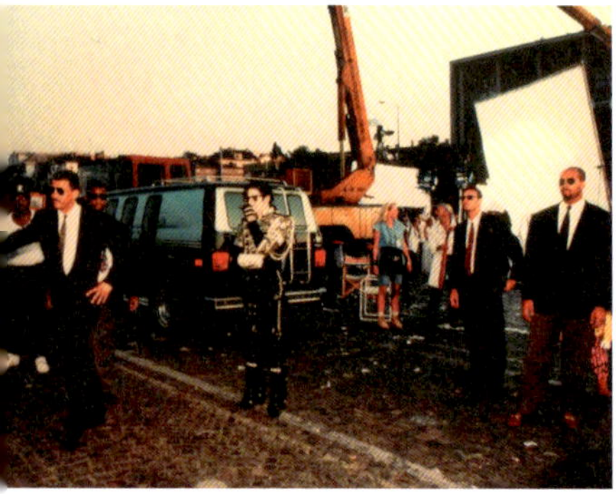

Am Heldenplatz dreht Michael hier mit enormem Aufwand einen Promoclip für sein Album „HIStory“ – als Superheld in Fantasieuniform, der Osteuropa vom Kommunismus befreit. Tausende jubeln am Straßenrand, hunderte Komparsen marschieren als Soldaten mit ihm im Gleichschritt, ein Triumphzug. Ihm zu Ehren wird im Clip ein gigantisches Denkmal enthüllt. Begleitet von Fotograf Fryderyk treffe ich MJ in seinem mit Luftballons verzierten Chevrolet-Van. Er isst eine Birne, erzählt uns von der Bedeutung des Videos, vom Doppel-Album „HIStory“, blättert in der BRAVO: „Das sind ja klasse Fotos von der Jackson-Family-Honors-Show. Könnt ihr mir davon bitte Abzüge machen?“ Wir staunen, wie *down to earth* MJ ist.

Genauso wichtig wie der Dreh ist Michael der Besuch in zwei Kinderkrankenhäusern. Wir dürfen ihn und Lisa Marie begleiten. Einen Truck voll mit Spielzeug hat MJ organisiert. MJ und Lisa Marie gehen von Bett zu Bett, beschenken die kranken Kids, versuchen mit ihnen zu kommunizieren. „Ich will helfen, aber keine PR-Aktion daraus machen“, sagt MJ ernst. Dem todkranken Bela Farkas, damals vier, finanziert er eine lebensrettende Lebertransplantation in den USA. Vielleicht war MJ hier PR-mäßig nicht gut beraten, vielleicht hätte er doch mehr über seine Charity-Arbeit mit der „Heal The World“-Foundation sprechen sollen. Vielleicht wäre das Bild, das ein Teil der Öffentlichkeit von ihm hatte, dann ein anderes gewesen.

Kein Phantom!

„Das Phantom der Oper“ faszinierte MJ unheimlich. Nachdem er das Musical von Andrew Lloyd Webber gesehen hatte, machte er dem Musical-König einen Vorschlag ...

In einem Interview erzählte Lord Andrew Lloyd Webber mir: „Wir lernten uns 1988 kennen, als ‚Das Phantom der Oper‘ am New Yorker Broadway lief. Michael kam mehrmals in die Vorstellung, einmal auch mit Liza Minnelli. Ich denke, er konnte sich mit der Titelfigur, dieser einsamen, gequälten Gestalt identifizieren. Die Show hat ihn völlig begeistert, auch Hauptdarsteller Michael Crawford. Im Gespräch verriet er mir von seinen Schauspielplänen. Und schlug vor, dass er das Phantom in einer Verfilmung des Musicals spielen könne. Ich erkannte sein mimisches Talent und war überzeugt, dass er das Phantom hervorragend hätte spielen können. Doch das Musical lief noch sehr erfolgreich, es war zu früh für einen Film, die Leute wären nicht mehr ins Theater gegangen, sondern gleich ins Kino. Ich habe Michael später bei seinen Konzerten erlebt. Was er auf der Bühne veranstaltete, war Entertainment der Extraklasse. Er hat dem Tanz eine ganz neue Bedeutung verliehen und viele Musicals, die danach kamen, dadurch beeinflusst. Er gehört zweifelsohne zu den größten Künstlern unserer Zeit.“

„Das Phantom der Oper“ sollte dann in den 1990er-Jahren verfilmt werden, mit Michael Crawford als Phantom und Sarah Brightman, damals liiert mit Andrew Lloyd Webber, als Christine. Doch kurz vor Drehbeginn ging die Ehe in die Brüche, die Verfilmung wurde abgebrochen. Später wurde das Musical dann schließlich als große Hollywood-Produktion mit Gerad Butler in der Titelrolle verfilmt. Andrew Lloyd Webber und Michael sahen sich 1995 wieder. Am 4. November als Gäste bei Thomas Gottschalks „Wetten, dass ...?“. Da konnte Lord Andrew Michaels sensationelle „Earth Song“-Performance live erleben, aus allernächster Nähe.

Ein Schrei in Hollywood

In der kalifornischen Traumfabrik entsteht im Frühjahr 1995 Michaels aufwendigster Videoclip: „Scream" – ein wichtiger Song mit autobiografischer Botschaft.

Ein Aufschrei gellt durch Hollywood. In den Universal Studios, wo schon „E.T.", „Zurück in die Zukunft" und „Jurassic Park" entstanden, dreht MJ, unterstützt von Schwester Janet, ein Science-Fiction-Video. Rigoros rechnet er in „Scream", einem aggressiv anmutenden Track, mit allen ab, die ihn verfolgen, dissen, fertigmachen wollen: *„Stop pressurin' me, stop pressurin' me, make me wanna scream ..."* Der Aufwand: immens. Zwei Wochen Dreh mit Regisseur Mark Romanek in fünf riesigen Soundstages, wie die Filmhallen genannt werden. Überall Aufbauten aus weißlackiertem Holz, kühle Raumschiff-Atmosphäre, nichts ist computergeneriert.

17. Mai 1995. Ich habe das Glück, als Reporter exklusiv beim Dreh dabei sein zu dürfen. Soundstage 36. Trucks, Trailer, Filmschaffende. Alle sind da – außer MJ. Kurios: Am Nachmittag fährt Michaels langjähriger Securitychef und „Zweitvater" Bill Bray, damals um die 70, in einem schwarzen Mercedes 600 SL (mit goldenen Felgen!) vor. Die Luxuskarosse: ein Geschenk von MJ. Bill grüßt kurz und geht direkt zum Catering, macht sich eine Tüte mit Süßigkeiten voll – und fährt wieder. Ich muss schmunzeln. Dann treffe ich Jimmy Jam, der den Song „Scream" co-produziert hat, zum Smalltalk. Nachtmensch MJ, der oft bis mittags schläft, erscheint um 19 Uhr, verschwindet aber gleich in seinen luxuriös ausgestatteten Trailer, wo er mit Marketingchef Dave Glew PR-Maßnahmen für das kurz vor dem Release stehende „HIStory"-Doppelalbum abspricht: Michael zeigt sich hier von seiner anderen Seite, als tougher Businessman und zäher Verhandler. Irgendwann um halb zehn beginnt er zu drehen, von seinem Stylisten Michael Bush mit schwarzen Lackhosen und Stachel-

Top ausstaffiert. Die Kulisse von Setdesigner Tom Foden: eine weiße Wand mit schwarzem Loch und akkurat aufgereihten Flying-V-Gitarren. Vor dieser Szenerie tanzt Michael – wild, energiegeladen, er fällt auf die Knie, schindet sich, immer wieder aufs Neue. Er ist ein echtes Konditionswunder. Nachts um halb zwei ist Drehschluss. Ich darf zu Michael. Er wirkt müde, abgekämpft. Der Dreh mit den Action-Szenen hat ihm einiges abverlangt. Dennoch ist er freundlich, professionell wie immer. „I think we‘ve created magic today“, meint er. Ich überreiche ihm die aktuelle BRAVO. Auf dem Cover: er Hand in Hand mit Lisa Marie. Michael strahlt. Bedankt sich. Auch nach all den Jahren sind Magazintitel für ihn noch immer etwas Besonderes. Das finde ich sympathisch. Ich übersetze ihm die Story, wie immer, er lächelt zufrieden.

Zurück in Deutschland werde ich als Talkgast nach Köln in die RTL-Nachtshow von Thomas Koschwitz eingeladen, der Sender hat die Rechte für die deutsche Premiere des „Scream“-Videos, ich darf begleitend vom spannenden Dreh berichten. Zum Beispiel, dass Michaels Homie Eddie Murphy zur selben Zeit in den Universal Studios die Komödie „Der verrückte Professor“ drehte – und MJ zu Ehren der Discothek im Film einen besonderen Namen gab: „Scream“ ...

„Scream“ wird das teuerste Musikvideo aller Zeiten. Sieben Millionen US-Dollar kosten die 14 Tage Dreh – für knapp fünf Minuten Film! Die Single steigt auf Platz 5 der Billboard-Charts ein, Rekord. In weiteren 19 Ländern landet die Nummer in den Top-Ten. Der Clip wird mit Preisen überhäuft, bei den MTV Video Music Awards 1995 gewinnt er in den Kategorien „Best Dance Video“, „Best Choreography in a Video“ und „Best Art Direction“.

AHA!

„I gotta go! This is live TV!"

„Dangerous" in Deutschland: Im November 1995 ist Michael Jackson live zu Gast bei „Wetten, dass ...?" – das konnte ja nur *der* TV-Event des Jahres werden, mindestens.

Duisburg, Industriestadt am westlichen Rand des Ruhrgebiets, nicht eben als Glamour-Metropole bekannt. Genau hier wird der „King of Pop" seinen größten Live-Triumph im deutschen Fernsehen feiern. Und Thommy Gottschalks ohnehin glänzende Einschaltquoten in ungeahnte Höhen treiben. Samstag, 4. November 1995. In der Rhein-Ruhr-Halle findet die Aufzeichnung von „Wetten, dass ...?" statt. Der Andrang der Fans ist so groß, dass der Verkehr in der Gegend zusammenbricht. Alle wollen zu Michael. Erstmals in der Geschichte der populären ZDF-Show werden vor der Halle Videowände aufgebaut für ein Public Viewing. Mit seiner Entourage wohnt er in Köln, im Hyatt Hotel am Rheinufer, mit Dom-Blick. Lisa Marie will den Medienrummel meiden und bleibt in den USA. Zusammen mit BRAVO-Fotograf Fryderyk treffe ich nachmittags in Duisburg ein. In der Halle bekommen wir backstage einen Raum zugewiesen als Fotostudio. Auch dabei: BRAVO-Leserin Britt, die Michael den Gold-Otto überreichen darf. Die Spannung steigt. MJ ist beim Proben in der leeren Halle, überall Bodyguards, Sicherheitsstufe 1. „Dangerous" und der „Earth Song", die aktuelle Friedenshymne, stehen auf dem Programm. MJ himself instruiert Show-Regisseur Alexander „Sascha" Arnz, der schon über 1000 TV-Sendungen gemacht hat, mit penibelsten Anweisungen: „Nach 15 Sekunden ein Lichtspot von unten, nach 45 Sekunden zwei von hinten, dann steige ich in den Hebekran ..." MJ macht es wie einst Marlene Dietrich, die unsterbliche Hollywood-Diva, die auch wusste, wie man sich vor der Kamera perfekt inszeniert. Arnz, leicht gestresst, staunt über Michaels Akribie. Dann wird MJ für den wichtigen Auftritt gestylt. Wir warten. Plötzlich steht Bob Jones in der Tür: „You guys ready?" – „Yes, Sir!" Und schon kommt Michael, sieht blendend aus, Kurzhaarperücke, weißes Hemd, Krawatte. Zugegeben: Für Fryderyk und mich ist es jedes Mal ein Thrill, MJ exklusiv zu treffen, über die Zeit hat sich ein vertrauensvolles Verhältnis entwickelt. Wir stellen ihm Britt vor. Sie ist gespannt auf ihr großes Idol, gratuliert zum Gold-Award. MJ erfreut: „Mein vierter Otto in Folge, wow!" Fryderyk beginnt zu fotografieren, die Zeit drängt. Nach wenigen Fotos wird Michael nervös: „I gotta go!", sagt er aufgeregt, „this is live TV!" Er will los, doch ich bitte ihn inständig um ein, zwei weitere Motive. Wir stehen auch unter Druck, es muss schließlich ein Top-Covermotiv werden. Michael versteht und bleibt, nicht zuletzt auch für seine Fans. Dann verabschiedet er sich hastig – und lässt in der Eile seinen Preis, den Goldenen Otto, stehen. Selbst ein „King of Pop" ist mal angespannt. Und dann: Showtime! Michael gibt alles, elektrisiert die Zuschauer mit atemberaubender Performance. Vor den Bildschirmen: 17,86 Millionen Menschen! Noch ein Rekord! Wieder zurück im Hyatt, erzähle ich Mr. Jones, dass MJ seinen Gold-Otto vergessen hat. „Dann kommt doch hoch in die Lounge und überreicht ihm den Award ein zweites Mal!" Was für eine geniale Idee ...

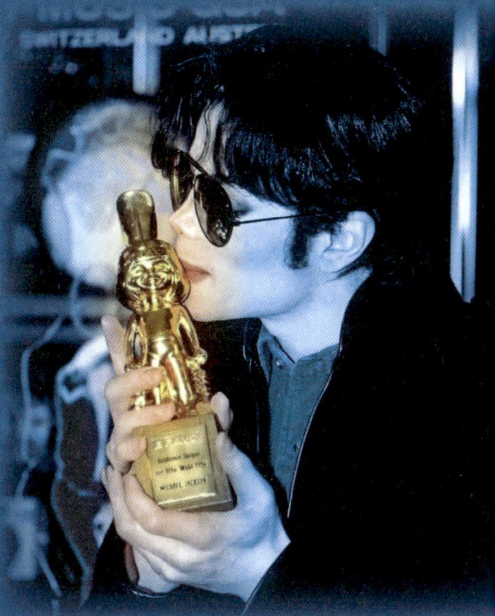

SOS in NYC!

Ein intimes Club-Konzert in New York City soll ein Highlight in Michaels Karriere werden. Doch es endet im Drama.

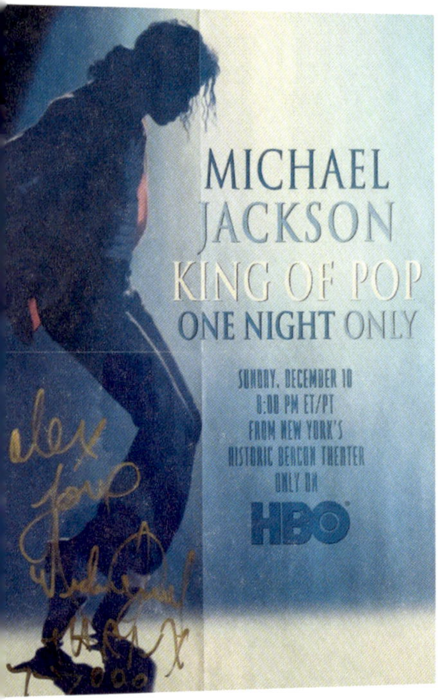

Dezember 1995. Exklusiv-Show von MJ im Beacon Theater am Broadway. „One Night Only", gepowert und im TV übertragen vom Pay-TV-Sender HBO. *„You have never been that close to Michael Jackson"*, verheißt die Werbung. Wir vom BRAVO-Team sind vor Ort. Im Taxi vom JFK-Flughafen ins Hotel plötzlich die News: *„Michael Jackson kollabiert! Auftritt fraglich!"* Um 16.50 Uhr ist er bei Proben zu „Black Or White" zusammengebrochen. Star-Pantomime Marcel Marceau, engagiert für eine Choreo zu „Childhood", stand direkt daneben. „Michael schien gut drauf, voller Energie", berichtet er. „Plötzlich wurde er leichenblass und kippte um."

Sofort eilen wir zu MJs PR-Manager Bob Jones ins Del-Monico-Apartmenthaus an der Park Avenue. „Michael bekommt eine Aufbauspritze", sagt er ganz ruhig, „und übermorgen steht er auf der Bühne, *don't worry!*" Er zeigt uns die VIP-Gästeliste: Diana Ross, Whitney Houston, Barbra Streisand, Dionne Warwick. Doch was keiner weiß: Michael kämpft in diesen Minuten um sein Leben. Er ist direkt ins Beth Israel Medical Center, East 88th Street, gebracht worden. Die Diagnose von Dr. William Alleyne: verschleppte Darm-Infektion, Herzrhythmusstörungen, akute Dehydration! Umgehend fliegt Michaels Leibarzt Dr. Allan Metzger aus Los Angeles ein, ebenso Michaels besorgte Mutter Katherine mit Schwester Janet. Ehefrau Lisa Marie erscheint erst einen Tag später, was die Gerüchte einer Ehekrise befeuert. Auch wir fahren zum Hospital, vor dem sich trotz eisiger Temperaturen Hunderte Fans versammeln. Sie bangen und singen: „Michael, you are not alone, we are here with you ..." Dazu positionieren sich TV-Teams, um von dem tragischen Vorfall zu berichten. Zeitungen erklären MJ bereits für tot: *„JACKSON DIED!"* titelt der Daily Mirror. Doch am 12. Dezember kann er die Klinik genesen verlassen. Das „One Night Only"-Konzert wird nie nachgeholt.

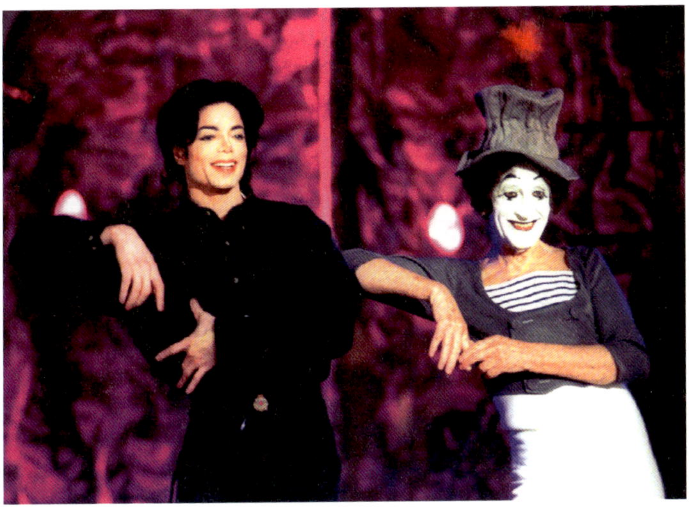

Michael und Marcel Marceau bei den Proben zur HBO-Show. Kurz danach kollabierte MJ

Moonwalk im Favela-Staub

1996 zog es MJ für das Video zu „They Don't Care About Us" nach Brasilien. Der Dreh erwies sich als der gefährlichste seiner Karriere. Zu MJs 5. Todestag 2014 erinnerte ich mich auf Spiegel Online an dieses Abenteuer.

Der Ausblick: atemberaubend! Unter uns erstrecken sich bei strahlend blauem Himmel die Traumstrände Copacabana und Ipanema, die weite Bucht von Guanabara, links ist der Zuckerhut zu sehen und rechts die Christusstatue auf dem Berg Corcovado. Wir sind in Rio de Janeiro, genauer: in Dona Marta, einer hochgelegenen Favela im Süden der Elf-Millionen-Metropole. Das Armenviertel gehört zu den gefährlichsten Ghettos der Welt. Die großartige Aussicht steht im krassen Gegensatz zu der Armut und Kriminalität, die hier das tägliche Leben beherrschen. Der Weg zur Dona Marta ist mit einer Steigung von 40 Grad so steil, dass wir unseren Van, vollgepackt mit Video- und Fotoequipment, auf den letzten Metern anschieben müssen. Wir, das sind Fotograf Fryderyk Gabowicz († 2007) und ich, der BRAVO-Reporter. Es ist der 11. Februar 1996. Unsere Mission: eine exklusive Reportage vom Dreh des neuen Michael-Jackson-Videos. „They Don't Care About Us" ist Michaels Protestsong gegen soziale Ungerechtigkeit. Der Text: eine bittere Anklage gegen Politiker, die nichts oder nicht genug tun, um die Situation Minderbemittelter zu verbessern.

Das trostlose Bild beherrschen enge, verschachtelte Gassen und steile Treppen, teils durchgerostete Wellblechhütten und schmucklose graue Betonbunker, in denen die Menschen auf Sandboden schlafen, und marode, undichte Wassertanks. 12.000 Menschen, auf engstem Raum zusammengepfercht, kämpfen hier täglich ums Überleben. Es fehlt an elektrischem Licht, an regelmäßiger Müllentsorgung und einem funktionierenden Abwassersystem. Entsprechend der Gestank, der in der Luft liegt.

Wahrlich kein Ort für verwöhnte Popstars. Michael ist keiner davon! Er weiß sehr genau, worauf er sich einlässt. Der einzige Luxus: Er fliegt per Helikopter ein. Aber das hat auch Sicherheitsgründe. MJ landet zur Mittagszeit auf einem staubigen Sportplatz am höchsten Punkt der Favela. Die Bewohner drängeln sich, um einen Blick auf „el Rei del Pop" zu erhaschen. Als sie ihn erblicken, jubeln sie: „Mi-chael! Mi-chael!" Ein Junge hat zur Feier des Tages ein Badehandtuch mit „Bad"-Motiv aus dem Fenster eines unverputzten Backsteinhauses gehängt. Eine Hundertschaft schwerbewaffneter Militärpolizisten steht Spalier. *High security* ist angesagt, denn hier im sozialen Brennpunkt herrscht Gewalt. Michael darf nichts zustoßen. Doch die Menschen begrüßen Jackson friedlich: *„Welcome to the World. Not the wonderful but the humble World of the poor people, Michael Jackson!"*, ist auf einem selbstgemalten Banner in roten Lettern zu lesen. Willkommen in unserer bescheidenen Welt.

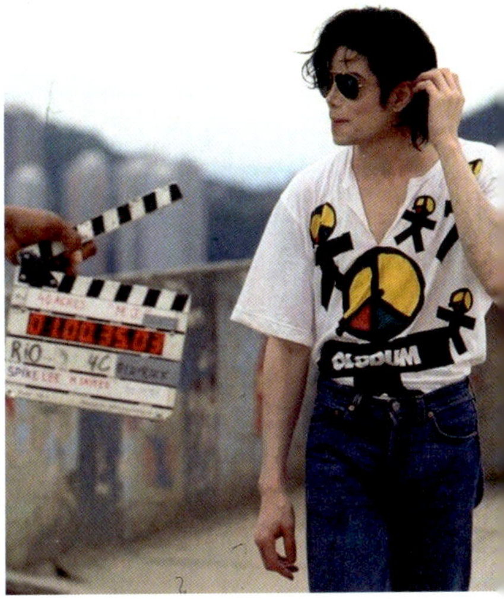

Natürlich weiß MJ, wo er sich befindet. Erstens wuchs er selbst in ärmlichen Verhältnissen auf, zweitens ist er nicht das weltfremde Wesen, für das ihn viele halten. Er kennt sich aus in Weltgeschichte, interessiert sich für Politik. Viele seiner Songs haben eine sozial-politische Botschaft: „Black Or White", „Heal The World", „Man In The Mirror", der „Earth Song". Er selbst hat Dona Marta für den Videodreh ausgesucht.

Regisseur Spike Lee, zweitwichtigster Mann des Tages und renommierter New Yorker Filmemacher („Malcolm X"), trifft am Set ein. „Dona Marta ist ein Symbol für das Elend auf der ganzen Welt", erklärt er. „Mike hat diesen Ort gewählt, um die

Armen, die Vergessenen und ihre Not wieder ins Bewusstsein der Menschen, vor allem der Politiker zu rufen!" Eskortiert von seinen Bodyguards Wayne Nagin und Yannick Allain kraxelt Michael Jackson vorsichtig die steilen, unebenen Stufen hinab bis zur Stelle, wo gedreht werden soll. Ich gehe neben seinem PR-Manager und Vertrauten Bob Jones († 2008). Der Mann, der MJ stets „durch die Hagelstürme und Minenfelder des Berühmtseins begleitete" (O-Ton Jones), ist 59 Jahre alt und hat eine schwere Herz-Operation hinter sich, bei der ihm vier Bypässe gelegt wurden. Hier dabei zu sein, ist für ihn eine Herausforderung. „Du wirst in einer Drehpause Gelegenheit haben, mit Michael zu sprechen", verspricht er mir schwer atmend in der brütenden Mittagshitze. Wir steigen weiter runter bis zur Mitte des Hügels. Dort befindet sich eine notdürftig ausgestattete Krankenstation. Ein 20 qm großer Raum, in dessen Mittelpunkt sich ein Behandlungsstuhl befindet. „Kinder werden hier geboren und Schusswunden behandelt", wird mir in sachlichem Ton erklärt. *Welcome to ghetto life*. Die Station dient MJ heute als Garderobe. Er wählt für den Dreh ausgewaschene Jeans, dazu ein weißes T-Shirt mit Peace-Zeichen und Logo der brasilianischen Percussiongruppe Olodum, die im Video zu sehen ist, in Szenen, die zuvor in Salvador da Bahia gedreht wurden. Nicht fehlen dürfen die obligatorischen weißen Socken, Slipper und eine Ray-Ban-Sonnenbrille. Michael verriet mir einst das Geheimnis seiner

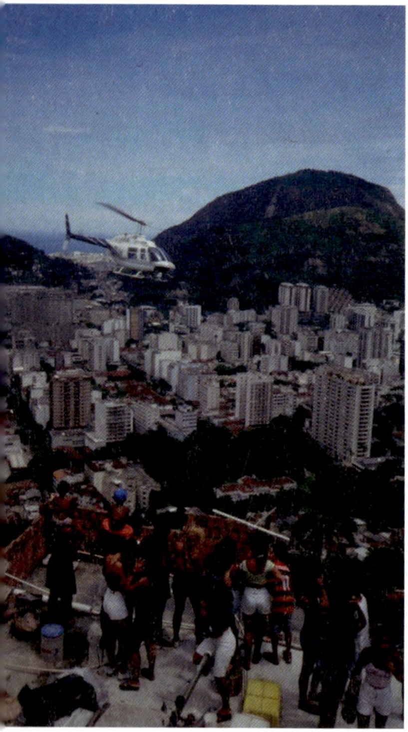

weißen Socken und Hochwasserhosen: „Damit man meine Dancemoves bei jeder Show bis in die letzte Reihe sehen kann!“ Ich warte vor dem Eingang der Krankenstation, in der sich MJ auf den Dreh vorbereitet, und beobachte, wie plötzlich drei Hubschrauber des Fernsehsenders TV Globo aufziehen. Sie bleiben direkt über der Krankenstation in der Luft stehen. Der Lärm ist ohrenbetäubend, man könnte meinen, hier würde eher eine Fortsetzung von „Apocalypse Now“ entstehen. Die TV-Paparazzi erhoffen sich von oben exklusives Filmmaterial, denn zum Dreh sind sie nicht zugelassen.

Bei diesem Höllenlärm wird sich Michael niemals aus der Garderobe trauen, denke ich, während sein Double Darrick Morgan noch für das Einleuchten der Szene bereitsteht. Doch weit gefehlt. MJ erscheint, cool und gänzlich unbeeindruckt von der Szenerie. Er scheint nur sein Video im Sinn zu haben. Rund um die Drehlocation haben sich Schaulustige versammelt. Sie sitzen dichtgedrängt auf Mauern, hängen halb aus Fenstern. Michael winkt, zu manchen Menschen geht er hin, umarmt sie. Ohne Mundschutz, ohne Berührungsängste. Er ist wirklich da, und das ist ein großer Moment für die Menschen. MJ klettert auf das Flachdach der Krankenstation, wo riesige Lautsprecherboxen installiert sind, aus denen nun immer wieder „They Don‘t Care About Us“ gegen den Helikopterlärm andröhnt. Mein Fotograf hat sich auf einem wackeligen Wassertank in Position gebracht. Voller Einsatz. Spike Lee ruft „Action!“, die Klappe fällt und Michael legt mit seiner Performance los. Er singt, schreit, tanzt, rockt, reckt die Faust in die Luft und zerreißt am Ende unter dem Johlen der Menge sein T-Shirt. Spektakulär. Dramatisch. Passend zur Botschaft des Songs.

Jacksons Anwälte haben größte Bedenken angemeldet, hier zu drehen. Die Situation war ihnen zu unberechenbar. Doch wenn Michael von einer Idee überzeugt ist, lässt er sich durch nichts und niemanden davon abbringen. Auch der Gouverneur von Rio, Marcello Alencar, versuchte zum Beispiel mit einer Einreiseverweigerung für MJ, dessen Gefolge und Regisseur Spike Lee, den

Dreh zu verhindern. Denn Alencar ist dabei, die Bewerbungen Rio de Janeiros als Austragungssort für die Olympischen Spiele 2004 und die Fußball-WM 2014 abzuschicken. Er wollte nicht, dass durch Michael Jackson und sein Video die weltweite Aufmerksamkeit auf die negativen Seiten seiner Stadt gelenkt wird, in der es zu jener Zeit 30 Morddelikte gibt – pro Woche! Schließlich schaltete sich Fußball-Legende Pelé zugunsten Michael Jacksons ein und überzeugte Alencar. Doch noch einer musste um Erlaubnis gefragt werden: Marcinho VP, Drogenboss der Dona Marta. Durch eine Dollar-Zahlung in unbekannter Höhe konnte er überzeugt werden. Der Dreh findet statt.

Um die Sicherheit am Set zu gewährleisten, hat Spike Lee – ghettoschlau und nicht uneigennützig – eine clevere Idee: Neben der knappen Hundertschaft Militärpolizei verpflichtet er rund fünfzig männliche Slumbewohner ab 18 Jahren, viele unter ihnen im Drogenbusiness aktiv, als Securitykräfte. „Passt bitte auf, dass nichts passiert", packt er sie vor Drehbeginn bei der Ehre, drückt jedem 50 US-Dollar in die Hand und ein Shirt mit der Aufschrift *„Michael Jackson Security"*. Das macht Eindruck bei den schweren Jungs und zeigt Wirkung. Im sonst brandgefährlichen Ghetto, für Touristen damals eine absolute No-go-Area, bleibt es den Dreh über ruhig.

Gegen 16.30 Uhr Drehpause. Bob Jones gibt mir das Okay, jetzt kurz mit Michael zu sprechen, während sein Designer Michael Bush den Sitz des Outfits überprüft. MJ sieht mich kommen, nimmt seiner Visagistin Karen Faye den Make-up-Schwamm aus der Hand und zieht ihn mir schelmisch grinsend zur Begrüßung quer übers Gesicht. Dann lacht er, umarmt mich freundschaftlich, quasi als „Wiedergutmachung" für den Streich. „Alex", sagt er, „du kamst den weiten Weg von Deutschland, nur um mich zu sehen?" Er meint es ernst, und ich glaube, nicht recht zu hören. Für mich als Reporter ist es etwas Besonderes, hier beim Dreh exklusiv dabei sein zu können. Das sage ich ihm. „Danke", entgegnet er. „Dies ist eines meiner wichtigsten Videos. Es liegt mir am Herzen, die Botschaft von ‚They Don't Care About Us' in die

Welt zu tragen. Schau nur, wie positiv die Stimmung heute ist. Ich hoffe, den Menschen hier wird es eines Tages besser gehen. Sie haben ein Recht darauf!“

Es wird Abend. In der Ferne glitzern die Lichter von Rio, eine der faszinierendsten Metropolen der Erde. Über fünf Stunden Dreh liegen hinter uns, die Videoszenen sind im Kasten, ganz ohne Zwischenfälle. Michael Jackson, der sich für seine Kunst schindet wie kaum ein anderer, bleibt diszipliniert bis zur letzten Sekunde. Wir klettern die steilen Stufen empor, wo Helikopter und Vans warten. Alle sind erschöpft, auch MJ. Er winkt den Menschen zum Abschied. Dann entschwindet er im Helikopter. Zurück ins Rio Palace Hotel, unten an der Copacabana, in eine andere Welt. Der Tag, an dem Michael Jackson ins Ghetto kam, hat nicht nur den Bewohnern der Favela viel bedeutet. Auch ihm selbst. Mit der „Heal The World“-Foundation, seiner Wohltätigkeitsorganisation, wird er den Menschen im Nachhinein noch finanziell helfen. Ohne eine PR-Nummer daraus zu machen. Heute, viele Jahre später, hat die Favela Dona Marta eine eigene Attraktion, die an jenen 11. Februar 1996 erinnert – den „Platz des Michael Jackson“. Dem „King of Pop“ zu Ehren hat man hier, exakt an der Stelle, an der er tanzte, eine Statue errichtet. Touristen trauen sich jetzt hierher und lassen sich mit dem Bronze-Michael fotografieren. Das Armenviertel ist fast so etwas wie eine Vorzeige-Favela geworden, urbanisiert und größtenteils befriedet von der Militärpolizei. Die Hütten sind bunt bemalt, ein Abwassersystem wurde installiert. Doch ein „Disneyland“ ist die Dona Marta noch immer nicht. Immerhin: Es gibt jetzt eine Samba-Schule. Das hätte dem Mann, der die Welt zum Tanzen brachte, ganz sicher gefallen.

AHA!

Lass es regnen!

Ein großes Geheimnis wird um die Drehlocation zu „Stranger in Moscow" gemacht, der Ballade, zu der Michael während seiner „Dangerous"-Tour in der russischen Hauptstadt inspiriert wurde.

Juli 1996. Hollywood, Mondrian Hotel. Mit einer Limousine werden wir abgeholt, über den Highway 405 geht es zum Van Nuys Airport, gleich um die Ecke von Encino, wo MJ aufwuchs. In der Woodley Avenue halten wir vor einem Flugzeug-Hangar. Hier wird gedreht! Am Eingang drei Bodyguards, PR-Manager Bob Jones begrüßt mich. Drinnen sehe ich Karin Faye, Michaels Visagistin, und Designer Michael Bush. Sie stylen Michael, der gut gelaunt rüberwinkt, bevor Regisseur Nicholas Brandt „Action!" ruft. „Nick" hat den Clip zum Megahit „I Will Always Love You" von Whitney Houston inszeniert, für Michael u. a. den „Earth Song". Gedreht wird vor einem *Blue Screen*, einer Leinwand, auf die später Filmszenen in Schwarzweiß projiziert werden. Michael steht auf einem Laufband und singt. Dann soll es auf ihn herabregnen. Aber es fallen nur vereinzelte Tropfen. Wahrscheinlich traut man sich nicht, den „King of Pop" richtig nasszumachen. Aber genau das will er, die Szene soll ja dramatisch wirken wie der Text: *„How does it feel, when you're alone and you're cold inside ..."* Kurz verliert MJ die Contenance. „Make it rain HARDER!", herrscht er den Regisseur an: Lass es stärker regnen! Brandt zuckt im Regiestuhl zusammen und weist die Assistenten an, das Wasser weiter aufzudrehen. Michael, mit langem, offenem Haar, wird bis auf die Knochen durchnässt – und ist zufrieden. Die Szene ist im Kasten. Später kommen Taj, Taryll und TJ Jackson vorbei, um ihrem Onkel, Doo Doo genannt, Hallo zu sagen und das Coverfoto zur gemeinsamen 3T-Single „Why" zu schießen. Einige Monate später nutzt Michael die Location noch einmal, um mit Regisseur Stan Winston Szenen für sein Grusical „Ghosts " zu filmen.

Stars und ihre MJ-Story

Kim Wilde, Giorgio Moroder, Nile Rodgers und Pharrell Williams haben ihre festen Plätze in der Pop-Geschichte. Und eines gemeinsam: Sie alle erlebten Michael Jackson persönlich, waren mit ihm *on tour* oder haben mit ihm gearbeitet. In Interviews befragte ich die vier zu ihren Erlebnissen mit MJ.

KIM WILDE (Berlin, Februar 2018)

Kim Wilde zählte in den 1980ern mit Hits wie „Kids In America", „Cambodia" oder „You Came" selbst zu den beliebtesten Popstars. 1988 trat sie im Rahmen der „Bad"-Europatournee im Vorprogramm von Michael Jackson auf ...

„Ich empfand das als große Ehre, denn Michael war künstlerisch eine Inspiration – und er hat mich persönlich ausgewählt für seine Tour. Plötzlich stand ich in Stadien vor 60.000 Fans auf der Bühne. Leider traf ich ihn nur einmal kurz für ein Foto. Das war vorm Konzert in München, die Tour lief bereits zwei Wochen. Ich habe damals unzählige Interviews gegeben, bei denen mich Journalisten nach Michael ausfragten. Anfangs musste ich passen, ich hatte ihn ja noch gar nicht getroffen. Von der Presse wurde dies als Arroganz seitens Jackson gewertet. Sein Manager bekam das mit und arrangierte sofort ein Treffen. Ich konnte dabei nur ein paar Worte mit MJ wechseln, hatte aber das Gefühl, dass er mich mochte. Er wirkte überraschend bescheiden. Danach hab ich ihn nur noch auf der Bühne gesehen. Frank DiLeo, sein Manager, erlaubte mir, während Michaels Show seitlich auf der Bühne zu stehen. Da waren nur die Bodyguards, die ihn immer abschotteten. Auf mich wirkte Michael, trotz der riesigen Entourage, einsam und isoliert. So berühmt wie er wollte ich nie sein, das ist ein schweres Los."

NILE RODGERS (London, November 2018)

Mit seiner Funkband Chic und Hits wie „Le Freak“ und „Good Times“ schrieb Nile Rodgers Musikgeschichte. Er ist auch Songwriter und Produzent von Welthits wie „Upside Down“ (Diana Ross), „Let‘s Dance“ (David Bowie) oder „Like A Virgin“ (Madonna). Mit Michael war er eng befreundet.

„Wir lernten uns 1973 kennen, als ich mit meiner damaligen Band namens New York City im Vorprogramm der Jackson 5 auftrat. Er war der Freak in seiner Band – und ich der in meiner! Wir waren Außenseiter, eben Brüder im Geiste. Als ich in den Neunzigerjahren mit Drogenproblemen zu kämpfen hatte und die Musik komplett aufgeben wollte, war er es, der mich dazu motivierte, weiter zu machen. Michael rief mich an, es war um 1994, und lud mich ein, an seinem Album ‚HIStory’ mitzuarbeiten. Ich teilte ihm mit, dass ich keine Musik mehr mache und mich gerade im Drogenentzug befinde. Aber MJ ließ nicht locker. Er rief immer wieder an. Schließlich sagte ich zu. Ergebnis war sein Song ‚Money’, bei dem ich Gitarre spiele. Michael hat meine Karriere gerettet. Ich fasste wieder Mut weiterzumachen.“

PHARRELL WILLIAMS (München, April 2011)

Er ist das Musikgenie der neuen Generation, arbeitete mit Britney, Beyoncé, Jay-Z, Snoop Dogg, Justin Timberlake, Ed Sheeran und mit Nile Rodgers bei Daft Punk. Einst wurde er entdeckt von „Dangerous“-Producer Teddy Riley, gründete das Projekt N.E.R.D und ist verantwortlich für unzählige Hits. Auf die Interview-Frage, wen er zu einem imaginären Dinner einladen würde, antwortete er:

„Meine verstorbene Grandma, Jesus Christus, Adam, den ersten Menschen, Leonardo da Vinci, Soulsänger Donny Hathaway, Nostradamus – und Michael Jackson! Michael und ich kannten uns, wir haben uns mehrmals getroffen, er war sehr liebenswürdig. Seine Musik bedeutet mir viel, aber letzten Endes kam es nie zu einer Zusammenarbeit im Studio. Die Songs, die ich für ihn vorbereitet hatte, lehnte er ab, sie gingen dann an Justin Timberlake. 2003 hat mich MJ tatsächlich mal interviewt. Für das Interview-Magazine. Das war sehr cool. Am Tag zuvor war Michaels Freund, Schauspiellegende Gregory Peck verstorben. Michael hatte seine Witwe bei der Organisation der Trauerfeier unterstützt und rief daher etwas verspätet an. Er entschuldigte sich dafür, das war unglaublich."

GIORGIO MORODER (München, Januar 2015)

Der mehrfache Oscar- & Grammy-Gewinner wuchs in einem Südtiroler Dolomitendorf auf und wurde „Godfather of Disco". Erfolge feierte er u. a. als Produzent von Donna Summer, Blondie, David Bowie, Freddie Mercury, Elton John und Cher. Und er stand kurz vor einem 100-Millionen-Dollar-Deal mit MJ.

„Ich habe Michael mehrfach getroffen. Das erste Mal 1987 in Beverly Hills, bei der Hochzeit meines Anwalts John Branca, der auch sein Anwalt war. Michael war Trauzeuge. Und dann so um 1993, als er in New York erste Tracks für sein Album ‚HIStory' aufnahm. Da haben wir ein gemeinsames Projekt entwickelt. Michael war beseelt vom Traum, eines Tages ein großer Schauspieler zu werden, als Musiker hatte er ja alles erreicht. Er wollte unbedingt ein Remake des Mystery-Thrillers ‚7 Faces of Dr. Lao' drehen und natürlich die Hauptrolle spielen. Es hat ihn fasziniert, dass er als Dr. Lao in sieben Rollen schlüpfen konnte. Ich sollte die Musik dazu schreiben, zusammen mit meinem Partner Rusty Lemorande, der schon für Barbra Streisand ‚Yentl' produziert und mit Michael an ‚Captain EO' gearbeitet hatte. Wir wollten gerade mit der Arbeit beginnen, da gingen die Schlagzeilen um die Welt, dass Michael des Kindesmissbrauchs bezichtigt wurde. Obwohl MJ letzten Endes unschuldig war, war dies für das Filmstudio damals Grund genug, sofort den Stecker zu ziehen. Aus, vorbei! Das Budget für den Film lag bei 100 Millionen Dollar. Aber wir haben nie einen Song aufgenommen. Sehr schade!

HIStory Rekord-Tour

Auf seiner dritten (und letzten) Welttournee übertrumpft sich der „King of Pop" noch einmal selbst – mit einer Show gigantischen Ausmaßes. Der Startschuss fällt in Prag, wo MJ beim Shopping unfreiwillig viel Geld spart ...

Eine noch gigantischere Bühne (1200 Tonnen!), noch mehr Spezialeffekte – eine Space-Rakete beim Opener „Scream", Original-Panzer bei der Umwelt- und Friedenshymne „Earth Song", neue Zaubertricks von David Copperfield! – Michael Jackson übertrumpft sich bei seiner dritten World-Tour „HIStory" erwartungsgemäß selbst. Er will schließlich Geschichte schreiben. Los geht es am 7. September 1996 in Prag. Aus aller Welt kommen Fans, um das Ereignis mitzuerleben. Hunderte MJ-Enthusiasten stehen Tag und Nacht vor Michaels Hotel, dem Intercontinental, um einen Blick auf ihn zu erhaschen. Am Nachmittag vor der Show im Letná Park zieht ein gewaltiger Sturm auf, das Konzert ist in Gefahr. Letztlich kann es aber stattfinden und ist (neben den Konzerten von Pink Floyd und den Rolling Stones) mit über 120.000 Zuschauern das größte, das Tschechien je gesehen hat. Nach dem Konzert wird MJ per Krankenwagen unerkannt zum Hotel zurückgebracht, Blaulicht und Sirene garantieren freie Durchfahrt.

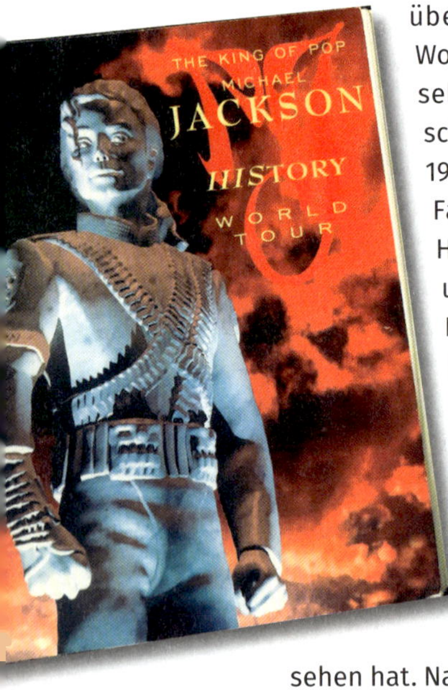

Auch die Tage zuvor verbringt er bereits in der tschechischen Hauptstadt, mit straffem Programm: Empfang bei Präsident Václav Havel auf Burg Karlštejn, Besuch im Waisenhaus Zbraslav und in einem Traumazentrum für Kinder in Motol, dazu Sightseeing und Shopping-Tour. Immer begleitet von seiner Entourage, den Managern Charles Bobbit und Jim Morey, Anwalt John Branca, PR-Mann Bob Jones, Promoter Marcel Avram, den Bodyguards Wayne Nagin und Yannick Allain (†) – und dem BRAVO-Team, Fotograf Fryderyk und mir. Ein eigenes MJJ-Videoteam bannt jede Sekunde auf Film. Michael besucht ein teures Antiquitätengeschäft, sucht innerhalb von Minuten diverse Ölgemälde, Statuen, Büsten aus – ohne auf den Preis zu achten. Der Inhaber reibt sich innerlich die Hände. Als Michael wieder geht, nimmt Bob Jones den Verkäufer zur Seite und erklärt, dass keines der ausgesuchten Werke gekauft wird. Dadurch erspart er Michael, der das nicht mitbekommt, viel Geld. Der „King“ hat keinerlei Gespür für Finanzen. Jones baut darauf, dass sich MJ am Ende der langen Tour nicht erinnern wird, was er wo ausgesucht hat ...

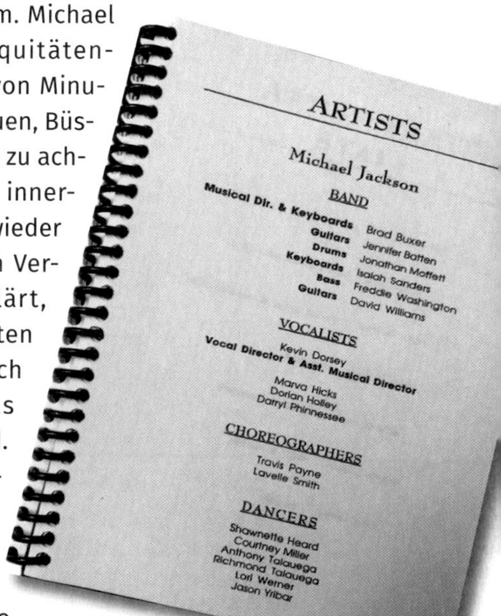
ARTISTS
Michael Jackson
BAND
Musical Dir. & Keyboards Brad Buxer
Guitars Jennifer Batten
Drums Jonathan Moffett
Keyboards Isaiah Sanders
Bass Freddie Washington
Guitars David Williams
VOCALISTS
Kevin Dorsey
Vocal Director & Asst. Musical Director
Marva Hicks
Dorian Holley
Darryl Phinnessee
CHOREOGRAPHERS
Travis Payne
Lavelle Smith
DANCERS
Shawnette Heard
Courtney Miller
Anthony Talauega
Richmond Talauega
Lori Werner
Jason Yribar

Die HIStory-World-Tour gastiert erst ab 31. Mai 1997 (Bremen) in Deutschland. Das BRAVO-Team ist am Start in Prag, Bukarest, Amsterdam, Tunis, Bremen und München (zweimal im ausverkauften Olympiastadion). Am 15. Oktober 1997 endet die Tour in Durban, Südafrika. Michael gibt 82 Konzerte in 35 Ländern auf fünf Kontinenten vor 4,5 Millionen Zuschauern – und bricht damit seinen eigenen Rekord.

Ein kleines bisschen Horror-Show!

Die Erfüllung des Traums vom großen Hollywood-Schauspieler bleibt Michael zeitlebens verwehrt. Doch er hadert nicht mit dem Schicksal ...

Immer wieder spricht MJ mit Regisseuren über seine Schauspiel-Ambitionen. Wie gerne hätte er in Steven Spielbergs Peter-Pan-Fortsetzung „Hook" mitgespielt oder das Leben des Schriftstellers Edgar Allen Poe verfilmt. Außer „The Wiz" (1978) und einer Mini-Rolle in „Men In Black II" wird aber nichts daraus.

Er muss sein Schicksal selbst in die Hand nehmen und eigene Movies produzieren wie „Captain EO" und „Moonwalker". Höhepunkt seines filmischen Schaffens ist das cineastische Meisterwerk „Ghosts", ein 38-minütiges Grusical, das er mit Horror-Experte Stephen King schreibt und von Special-Effects-Genie Stan Winston († 2008) umsetzen lässt. Winston, den er 1978 beim Dreh zu „The Wiz" kennenlernte, kreierte die Monster in „Aliens", die Dinos in „Jurassic Park", den „Terminator". „Michael Jackson's Ghosts" ist stark autobiografisch gefärbt, man kann den 15-Millionen-Dollar-Streifen als eine Fortsetzung von „Thriller" interpretieren. Eine verwunschene Villa in einem Dorf namens Normal Valley. Doch nichts ist hier normal. Der Bürgermeister, ein unsympathischer, grauhaariger Spießer mit Hornbrille (MJ) ist mit Eltern und ihren Kids in das Haus eingedrungen, um den geheimnisvollen Schlossherrn Maestro (ebenfalls MJ) zu vertreiben. Der Maestro, den die Kinder lieben, weil er ihnen schaurig-schöne Gruselstorys erzählt, ist ein Freak, der nicht in die Kleinstadtidylle passt. Plötzlich zucken Blitze, überall Fledermäuse. Eine Mönchsgestalt mit Kutte und Totenschädel taucht hinter dem Bürgermeister auf, der zu Tode erschrickt. Mit einem Ruck reißt sich die furchteinflößende Gestalt die Maske vom Gesicht und gibt sich zu erkennen: der Maestro! Mit diabolischem Grinsen und Blitzen aus seiner Hand erweckt er „Ghuls" zum Leben, die zu

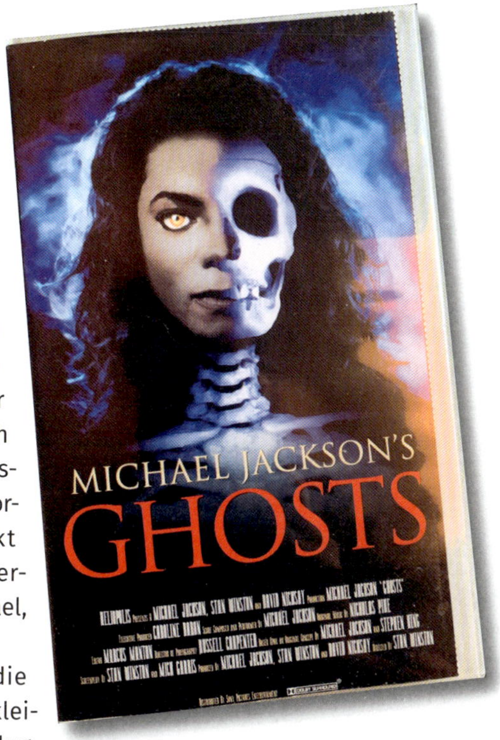

HipHop-Sound („2 Bad") in zerschlissenen Kostümen durch die Halle wirbeln. Scary! Dann tanzt Michael als Skelett seinen Moonwalk, eine Spur von Selbstironie, und kriecht schließlich durch den Mund in den Körper des Ortsvorstehers, der sich daraufhin selbst zum Monster wandelt und vom Horrorzauber derart geschockt ist, dass er die Flucht ergreift. Der Maestro, Michael, hat gesiegt.

Zwei Jahre dauern die Dreharbeiten zu dieser kleinen „Horror-Show" im Flugzeug-Hangar nahe Encino samt Unterbrechungen. „Michael überrascht mich immer wieder mit seinen Ideen und seiner unerschöpflichen Kreativität", sagt mir Stan, vierfacher Oscar-Winner, damals im Interview. Bei den Filmfestspielen in Cannes feiert „Ghosts" im Mai 1997 Weltpremiere. Standing Ovations für Jackson und Winston im Grand Théâtre Lumière. Nach der Feier treffe ich Michael nachts um halb zwei in der „Sydney Pollack"-Suite des Carlton Hotels. Ich habe ihm wie gewünscht die aktuelle BRAVO-Story mitgebracht. Sie handelt von seinem kürzlichen Besuch in München, wo er bald mit der „HIStory"-Tour gastieren wird. Wieder muss ich den Bericht Wort für Wort übersetzen. Als ich ihm *„the HIStory-Show is truly sensational"* übersetze, schaut er mich mit großen Augen an: „You really wrote that?"

Terror statt Triumph!

10. September 2001. Im New Yorker Madison Square Garden feiert Michael sein 30. Solo-Jubiläum mit einer Mega-Show und vielen Stargästen. Doch tags darauf kommt es zur unsagbaren Katastrophe, die Michaels großen Moment komplett überschattet …

Liz Taylor, Liza Minnelli, Whitney Houston, Marlon Brando, Britney Spears, *NSYNC, Usher, Slash und die Jackson 5 – alle sind nach New York City gekommen zu Ehren des „King of Pop“, der vor genau 30 Jahren seine erste Solosingle „Got To Be There“ veröffentlichte. CBS Television zeichnet das Konzert auf. Doch der Mega-Event, auf den Michael und seine Fans hingefiebert haben, wird überschattet durch eine Tragödie von globalem Ausmaß! Am 11.9., der als „9/11“ in die Geschichte eingeht, crashen zwei Passagierflugzeuge in die Zwillingstürme des World Trade Center, eines der Wahrzeichen Amerikas. Die Folge: mehrere tausend Tote. Die Terrorattacke auf die USA schockt die Welt, MJs großartige Show ist vergessen – Terror statt Triumph!

Guns-N'-Roses-Gitarrist Slash, der schon seit Anfang der 1990er mit MJ arbeitet, ist am 10.9. live dabei, um mit ihm „Beat It“ und „Black Or White“ zu rocken. In einem Interview, das wir 2015 führen, erinnert er sich: „Mit Michael zu spielen war für mich eine aufregende Abwechslung. Mike stand auf guten Rock-Sound und hat gern Hardrock-Gitarristen engagiert. Die Jubiläumsshow war ihm wichtig. Nach einer schwierigen Zeit brauchte er positive PR. Es sollte sein großes Comeback werden. Die Show lief gut, aber als am Tag danach die Flugzeuge ins World Trade Center stürzten, sprach niemand mehr von MJ. Die Terrorattacke hat ihn jegliche PR-Wirkung gekostet. Das tat mir leid. Den Tag erinnere ich als absolutes Chaos. Wir wohnten alle im W-Hotel am Times Square. Ich schlief noch, als vormittags einer von Michaels Leuten ganz aufgeregt bei mir anrief, ich solle sofort den Fernseher einschalten – oder aus dem Fenster gucken ... Zu diesem Zeitpunkt war gerade das erste Flugzeug ins WTC gekracht. Mein erster Gedanke: Wie kann ein Pilot so blöd sein? Als ich aus dem Fenster sah, stürzte die zweite Maschine rein. Da war mir klar, dass die Sache deutlich ernster war: Die Hölle war über uns hereingebrochen. Dann rief Michael an, und bot mir an, mit seinem Privatjet auszufliegen. Das Problem war, dass ich meine Freundin Pamela nicht wach bekam. Sie lag nach der wilden Party am Vorabend wie in einem Koma. Am nächsten Tag sind wir dann nach Pittsburgh gefahren und von dort nach L.A. zurückgeflogen. Es war Wahnsinn."

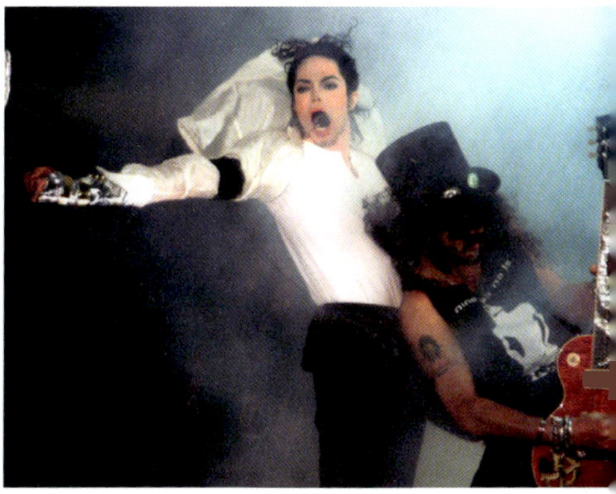

Nach Michaels Kollaps im Dezember 1995 im Beacon Theatre vor der wichtigen HBO-Show, wird New York sechs Jahre später wieder zum Schicksalsort für ihn, diesmal von bedeutend größerem Ausmaß. Typisch Michael, dass er jetzt irgendwie helfen will. Bereits am 21. Oktober findet im Robert F. Kennedy Memorial Stadium in Washington, D.C., ein Benefizkonzert für die Opfer von 9/11 statt, das er blitzschnell organisiert: „United We Stand: What More Can I Give"! James Brown, Bette Midler, Mariah Carey, Janet Jackson, Rod Stewart, Aerosmith, Pink, Usher, die Backstreet Boys und *NSYNC treten auf, Michael singt „Man In The Mirror". ABC strahlt die Show aus – allerdings ohne Michaels Performance, weil der mit seiner Jubiläumsshow bei CBS unter Vertrag steht. Doch das Allstar-Finale, der Benefizsong „What More Can I Give", wird mit MJ gezeigt. Schließlich ist er der Initiator.

Zimmers Zauberkünste

Es ist kein Geheimnis, dass Michael Jackson Magier, Zauberer und Illusionisten bewunderte. „Wonderment" – die Kunst von Größen wie Houdini, Siegfried & Roy oder David Copperfield faszinierte ihn. So sehr, dass er sich von Copperfield gar Zaubereffekte für seine Konzerte entwerfen ließ. Mit S&R, für die er einst den fantastischen Song „Mind Is The Magic" komponierte, war MJ eng befreundet. Und er hatte auch einen deutschen Lieblingszauberer ...

Las Vegas, Februar 2007. Hier findet ein Zauberwettbewerb statt, zu dem ein junger talentierter Magier aus Ulm eingeladen ist. Sein Name: Florian Zimmer. Siegfried & Roy, die Magie-Großmeister und „Könige von Las Vegas" haben persönlich dafür gesorgt, dass Florian hier performen kann. „Ich trat mit meiner Graffiti-Show auf und kam sehr gut an", erinnert sich Florian. „Die Zuschauer durften entscheiden, wer gewinnt – und die Wahl fiel tatsächlich auf mich." Auf der Aftershow-Party führt er noch einige seiner spektakulären Kartentricks vor, als ihn ein Mann anspricht, ob er exklusiv für einen VIP zaubern würde. Dieser Mann ist Zar Zanganeh, Immobilienmakler in Vegas. Was Florian nicht ahnt: Zar ist gut befreundet mit Michael Jackson – eben jenem mysteriösen VIP, für den er auftreten soll. MJ hat sich den Zauberwettbewerb inkognito aus einer Loge angesehen, ist restlos begeistert von Zimmers Zauberkünsten und will ihn persönlich kennenlernen. „Ich hätte vor Glück fast geweint", erinnert sich Florian. Am nächsten Tag holt Zar ihn ab, sie fahren zu Michaels Villa. Es ist der 21. Februar, der fünfte Geburtstag von MJs Sohn „Blanket". Ein Securitymitarbeiter führt Zar und Florian ins Haus. „Es gab ein Privatkino mit riesiger Couch. Und da saß Michael mit seinen drei Kindern. Auf meinen Auftritt hatte ich mich gewissenhaft vorbereitet", fährt Florian fort. „Michael und die Kids waren begeistert. MJ liebt Magie, sie inspiriert ihn, wie

Magier Florian Zimmer mit MJ 2007 in Las Vegas

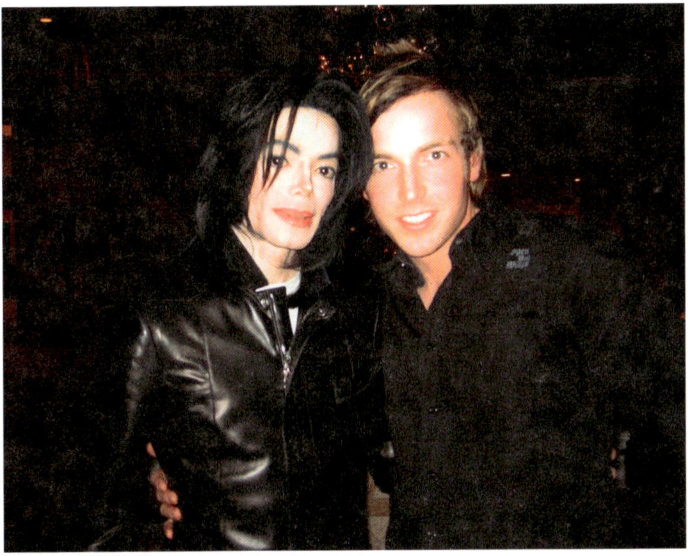

er mir sagte. Ich durfte bis zum Abend bleiben, wir haben über alles Mögliche geredet, über Deutschland und neue Tricks, die er sich für kommende Konzerte ausdenken wolle. Am Ende war ich total happy. Michael persönlich kennenzulernen, war für mich das Größte.“ Zurück in Deutschland setzt Florian seine Zauberkarriere erfolgreich fort. Er ist der erste deutsche Magier mit eigener Venue: In Neu-Ulm lässt er seinen Traum wahr werden und eröffnet im Juni 2022 das Florian-Zimmer-Theater, in dem er regelmäßig seine Zauberkunst vorführt.

Das Auge Hollywoods

In seiner Karriere hatte Greg Gorman die Größten des internationalen Showbusiness vor der Kamera: Neben Michael Jackson auch Marlon Brando, Elton John, David Bowie, Al Pacino, Liz Taylor, Sophia Loren, Johnny Depp, Leonardo DiCaprio, Chris Rock, Iggy Pop und Andy Warhol, der ihn früh förderte. In einem Interview sprach ich im September 2021 mit ihm unter anderem über das Cover zu MJs „Bad"-Album.

Gorman gilt als „das Auge Hollywoods". Auf kaum einen trifft die Bezeichnung Starfotograf so zu wie auf den mehrfach preisgekrönten Amerikaner, Jahrgang 1949. Unter dem Titel „It's Not About Me" wurden Gormans Werke in Form einer umfangreichen Monographie bei teNeues veröffentlicht.

Greg, Sie haben Michael Jackson mehrfach fotografiert – einmal auch mit einer Tarantel im Gesicht. War das seine Idee?

„Ja! Michael meinte, er habe diese präparierte Tarantel zu Hause, die sicher ein spannendes Motiv abgäbe. Ich sagte: Klar, bring sie mit! In meinem Fotostudio haben wir die ausgestopfte Spinne dann mit Klebeband an seiner Schläfe befestigt und ja, es war ein spannendes Motiv. Das Ding sah wirklich täuschend echt und lebendig aus."

Und dann gab es dieses spannende Motiv mit dem Schleier!

„Da hatte er ein Porträt der alten Hollywood-Diva Gloria Swanson (‚Sunset Boulevard') aus den Zwanzigerjahren gesehen, auf dem sie einen schwarzen Schleier trug und sehr mysteriös aussah. Dieses Motiv faszinierte ihn, er wollte es unbedingt eins zu eins nachstellen. Und das haben wir dann gemacht. Es war ursprünglich gedacht als Covermotiv für sein Album ‚Bad'. Allerdings war es der Plattenfirma am Ende wohl zu feminin oder gay, sodass sie für das Frontcover ein anderes Bild wählten, eines von Sam Emerson. Im Innencover sind Fotos von Matthew Rolston und auf dem Backcover von ‚Bad' ist ein Michael-Foto von mir zu sehen."

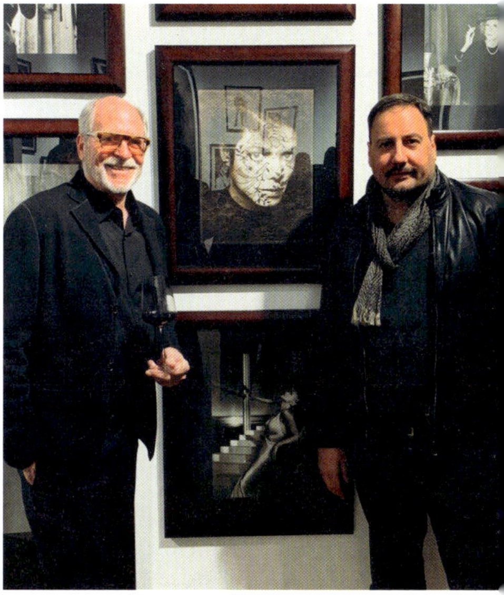
Autor Gernandt mit Greg Gorman

Wie haben Sie Jackson wahrgenommen?

„Er war ein ausgesprochener Perfektionist. Wenn ein neues Projekt anstand, rief mich MJ immer schon zwei Wochen zuvor an, um Ideen und Details zu besprechen. Und wenn er bei mir im Studio war, haben wir nicht nur fotografiert und gearbeitet, sondern uns oft unterhalten, über Gott und die Welt, manchmal stundenlang. Michael war einfach groß, so kreativ, voller Ideen, hochprofessionell, liebenswürdig und bescheiden. Ich liebe Michael und hatte immer größten Respekt vor ihm. Er hat sich mir gegenüber nie merkwürdig verhalten, er konnte eben nur nie erwachsen werden und lebte in seiner eigenen Welt."

Zwei Kings

Die offensichtlichste Verbindung zwischen Elvis Presley und Michael Jackson ist Lisa Marie Presley. Mit Elvis' einziger Tochter war MJ von Mai 1994 bis August 1996 verheiratet. Aber den „King of Rock 'n' Roll" und den „King of Pop" verbindet noch viel mehr.

Beide wuchsen in äußerst bescheidenen Verhältnissen auf, in primitiven Holzhütten, und schafften es nach ganz oben. Beide hatten einen Bruder verloren: Elvis' Zwilling Jesse Garon war eine Totgeburt, Brandon Jackson (Zwilling von MJs Bruder Marlon) starb kurz nach der Geburt. Beide Ausnahmekünstler liebten ihre Mutter abgöttisch. Trotz ihres Erfolgs waren EP und MJ einsam: Weil sie täglich von Fans wie Paparazzi belagert wurden, zogen sie sich zurück – Elvis auf sein Anwesen „Graceland" in Memphis, Tennessee, Michael auf die abgelegene „Neverland"-Ranch. Beide hielten sich einen Schimpansen: Der von Elvis hieß „Scatter", der von Michael „Bubbles" ... Beide zeigten sich auf der Bühne gern in extravaganten Outfits: Elvis in weißen Jumpsuits, Michael zum Beispiel in goldener Space-Uniform auf der „HIStory"-Tour. Beide wurden im Weißen Haus empfangen: Elvis 1972 von Richard Nixon, Michael als erster schwarzer Künstler 1984 von Ronald Reagan (und später von George Bush Sr. und Bill Clinton). Elvis und Michael teilten auch einen unerfüllten Traum: als ernsthafte Schauspieler in anspruchsvollen Filmen wahrgenommen zu werden. Elvis war zwar als Mime in den 1960ern extrem erfolgreich, jedoch nur in seichten Rollen. Im Leben (und Tod) der Sänger spielten ihre Hausärzte eine entscheidende Rolle: Dr. George „Nick" Nichopoulos verschrieb Elvis Unmengen von Tabletten, Dr. Conrad Murray verabreichte Michael die tödliche Propofol-Überdosis und wurde dafür verurteilt. Und EP und MJ hatten beide neue Konzerte geplant – und starben kurz zuvor. Elvis 1977 mit 42, Michael 2009 mit 50. Ein gemeinsames Foto existiert nicht. Aber in den Herzen ihrer Fans leben die zwei Kings weiter.

USA, Sommer 1958

Erstaunlich: Im Sommer 1958 kommen nicht mal 1000 Kilometer voneinander entfernt drei Kids zur Welt, die als absolute Pop-Megastars in die Geschichte eingehen. Am 5. Juni wird *Prince* Rogers Nelson in Minneapolis (Minnesota) geboren, am 16. August *Madonna* Louise Ciccone in Bay City (Michigan) und am 29. Michael Joseph Jackson in Gary (Indiana) …

MJ startet seine Karriere bereits Ende der 1960er. Mit den Jackson 5 wird er zum Kinderstar, später zum „King of Pop". Mit einer Milliarde verkaufter Tonträger ist er der Topseller. Prince landet Ende der 1970er mit dem Debütalbum „For You" einen ersten Erfolg. Dann wird der Multi-Instrumentalist zum genialen Songwriter („Purple Rain") und Produzenten. Madonna, damals noch brünett, zieht 1978 mit 30 US-Dollar in der Tasche vom Provinznest Bay City nach New York City. Sie will Showkarriere machen, wird Go-go-Tänzerin, Sängerin und schließlich „Queen of Pop".

Michael und Prince, die sich 1983 kennenlernen, als sie bei einem Auftritt ihres Idols James Brown zusammen auf der Bühne stehen, respektieren sich, sind aber auch Rivalen und werden nie Freunde. Ihr Tod jedoch weist gewisse Parallelen auf: 2016 stirbt Prince. Als Todesursache wird eine Schmerzmittel-Überdosis genannt.

Mit Madonna, ursprünglich übrigens als Duettpartnerin für „In The Closet" vorgesehen, hat Michael 1991 eine „Liaison", allerdings nur zu PR-Zwecken: „King" und „Queen" machen sich im Blitzlichtgewitter der Oscar-Verleihung einen Spaß daraus, Liebesgerüchte anzuheizen. Die Beziehung bleibt aber platonisch. 2019 verteidigt Madonna MJ in Sachen Kindesmissbrauchsvorwürfe: „Ich habe keine Lynchmob-Mentalität, also sind Menschen unschuldig, bis ihre Schuld bewiesen ist. Ich habe 1000 Anschuldigungen gegen mich gehört, die nicht wahr sind. Wenn mir Leute Dinge über andere erzählen, frage ich: Könnt ihr es beweisen?"

Letzte Botschaft: L-O-V-E!

Der Tod von Michael Jackson schockt die Welt. Am Donnerstag, den 25. Juni 2009 hört sein Herz um 14.26 Uhr für immer auf zu schlagen – nur 18 Tage vor seinem Comeback: *„THIS IS IT", das er als Abschiedstournee von der Konzertbühne plant …*

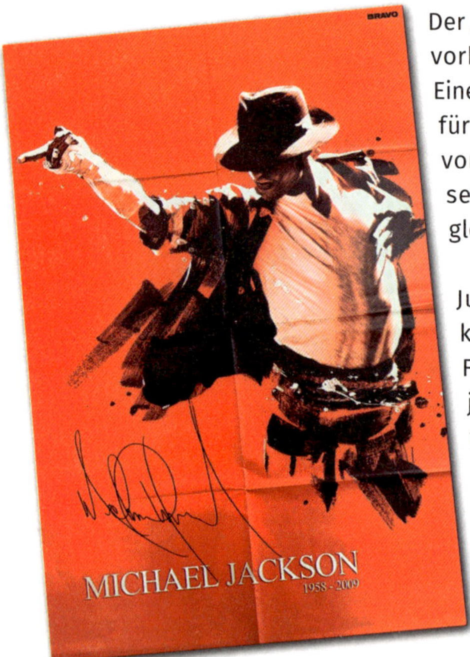

Der „King of Pop" ist tot, völlig unvorhersehbar, mit nur 50 Jahren. Eine Welt ohne Michael Jackson ist für viele – Fan oder nicht – kaum vorstellbar. Er hat uns alle mit seiner Musik, seiner Kunst begleitet, über Jahrzehnte.

München, am Abend des 25. Juni 2009. Aus New York bekomme ich eine Message von Frank Cascio, Michaels langjährigem Freund und Vertrauten. Ob ich die News schon gehört hätte, ich solle sofort CNN einschalten. *„Breaking News: Michael Jackson in a coma."* What? Mein erster dunkler Gedanke: Diesmal wird er es vielleicht nicht schaffen. Ich verfolge die Berichterstattung bis vier Uhr früh live vorm Fernseher, plötzlich: *„The King of Pop – dead at 50."* Während Deutschland, Europa, schläft, stirbt Michael Jackson zu Hause in Los Angeles. Ich bin zutiefst geschockt, emotional angefasst, die ganze Situation ist irgendwie surreal. Tausend Gedanken schießen mir durch den Kopf, so viele Erinnerungen, aber auch die Frage, wie BRAVO mit dieser Schockmeldung umgehen sollte. Schon in der Nacht schreibe ich, zu jener Zeit noch stellvertretender Chefredakteur, eine SMS an Tom Junkersdorf, damals Chef von BRAVO. Wir müssen schnell agieren. Das sind wir den vielen Fans schuldig.

Freitagfrüh, BRAVO muss heute in Druck, eigentlich. Über eine Million Exemplare. Alle im Office sind bestürzt, trauern, im Radio nonstop MJs Lieder. Krisensitzung. Wir müssen ihm mindestens eine Doppelseite widmen, ist unser erster Plan. MJ muss aufs Titelbild, der zweite. Am Ende werden es über 30 Seiten Trauerstory, inklusive Postern und einer 24-seitigen Special-Beilage im Heft, die ich bis tief in die Nacht texte. Noch einmal erinnere ich mich dabei an die unzähligen Treffen und wunderbaren Erlebnisse in aller Welt, die Konzerte, die Videodrehs, die Gold-Otto-Verleihungen. Manche Storys übernehmen wir aus Zeitnot vom BRAVO-Legends-Magazin, das wir im Jahr zuvor zu Michaels 50. Geburtstag herausgegeben haben (und das ihm sehr gut gefiel, sein Berater Dieter Wiesner hat ihm Exemplare nach Las Vegas mitgebracht). Das BRAVO-Logo erscheint MJ zu Ehren komplett in Schwarz, um Trauer auszudrücken. Die Druckabgabe kann noch bis Samstagmittag verlängert werden – technisch ein Riesenaufwand, denn der Druckablauf der verschiedenen Printprodukte des Verlags ist minutiös abgestimmt. Roland Metz, unser verdienter langjähriger Chef vom Dienst, hält alles am Laufen – und wir schaffen es. Alle vereint für Michael. Journalismus von seiner ganz emotionalen Seite.

Vier Tage später liegt BRAVO am Kiosk – *in memoriam Michael Jackson*! BRAVO trauert um einen Freund, der uns so oft exklusiv empfangen hat, die Welt weint um den „King of Pop“. Die Ausgabe ist bald ausverkauft, ein trauriger Rekord. In aller Welt starten Fans Aktionen: In München wird ein Denkmal vor Michaels Lieblingshotel Bayerischer Hof ihm zu Ehren liebevoll umfunktioniert, mit Bildern, Kerzen und Blumen. In Paris und London gibt es Trauermärsche, vor Michaels Haus in Holmby Hills und am Staples Center in L.A. entsteht ein Blumenmeer, und auf den Philippinen tanzen Inhaftierte gar einen fantastischen Flashmob zu „They Don‘t Care About Us“. P. Diddy, The Game,

Usher und Chris Brown veröffentlichen sofort den unglaublichen Tributesong „Better On The Other Side". Weltweit entstehen nach MJs Tod Musicals und Tribute-Shows wie „Cirque du Soleil ONE", „Beat It" in Deutschland und „MJ" am Broadway.

Michaels letzter großer Traum von einem glänzenden „This Is It"-Comeback (50 ausverkaufte Shows in London), bei dem er auch erstmals für seine drei Kinder performen wollte, die ihn nie live erleben konnten, ist jäh beendet. Durch eine Überdosis Propofol, einem Betäubungsmittel, das er zum Einschlafen brauchte, verabreicht durch Leibarzt Dr. Conrad Murray (der dafür vor Gericht verurteilt wird). Michael sei zuletzt wirklich gut drauf gewesen, sagt Kenny Ortega, der Regisseur der „This Is It"-Show, der MJ lange kennt. Aber Michael stand auch unter enormem Druck und zwar von allen Seiten: Seine Fans wollten ihn in London triumphieren, einige Kritiker am liebsten fallen sehen. Eine ungute Situation. Kurz nach Michaels tragischem Tod erscheint die offizielle Doku „This Is It". Sie zeigt den „Moonwalker" noch mal voller Energie, Spiel- und Lebensfreude bei den Proben seiner Comeback-Show im Staples Center in Los Angeles. Er erklärt seinen Tänzern, die halb so alt sind wie er, wie es geht, und alle lauschen ehrfürchtig. In einer Szene korrigiert MJ einen seiner Musiker mehrmals, freundlich, geduldig, aber bestimmt: „I say it with Love!", sagt er voller Empathie, und buchstabiert zur Sicherheit noch einmal: „L-O-V-E!" Liebe, das war seine letzte Botschaft.

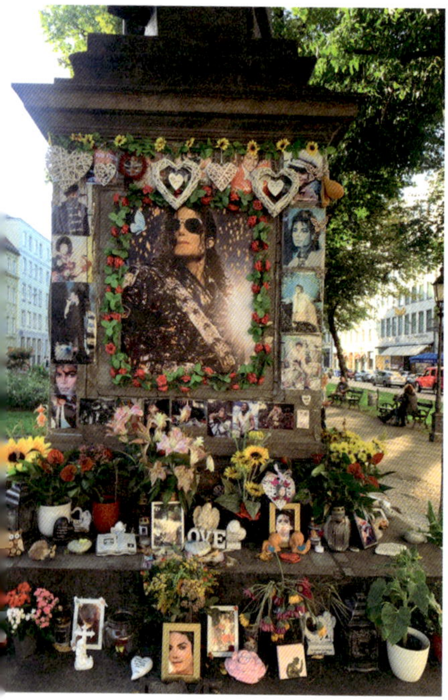

Das MJ-Denkmal in München

„Der Mann, der Musik in Magie verwandelte!“

Stars über Michael Jackson

„Keiner kommt an Michael ran. Keiner kann singen wie er, tanzen wie er und so emotionale Songs schreiben wie er. Keiner fasziniert die Massen wie er. Er ist der King of Pop, Rock & Soul!“

Elizabeth Taylor

„Michael war mein kleiner Bruder. Meine Seele hängt an seiner. An seine Musik wird man sich noch in 100 Jahren erinnern!“

Quincy Jones

„MJ ist bis heute meine größte Inspiration! Er hat mein Leben verändert. Sein Talent war göttlich.“

Beyoncé

„Es gibt gewisse Menschen in unserer Pop-Kultur, die uns mit ihrer Kunst fesseln. Und im Tod noch größer werden!“

Barack Obama

„Michael Jackson ist der Grund, warum ich Sänger werden wollte.“

Justin Timberlake

„Onkel Doo Doo, Du hast mich gelehrt zu lachen. Du hast mich gelehrt zu träumen. Du hast mich gelehrt zu leben. Ich liebe dich.“

TJ Jackson

„Michael Jackson wird immer der ‚King of Pop' bleiben, der Mann, der Musik in Magie verwandelte ...“

Bruno Mars

Onkel Tookie

MJ hatte in all den Jahren viele Manager. Der mit Abstand legendärste: Frank DiLeo! Der Italo-Amerikaner aus Pittsburgh war für Michael Vaterfigur und Vertrauter, wurde liebevoll „Uncle Tookie“ genannt. DiLeo feierte mit MJ dessen größte Erfolge und war auch für die erste Welttournee („Bad“) verantwortlich. Mit DiLeo gelangte MJ in neue Sphären.

In einem Interview verriet mir der Manager einen geheimen Plan zur für 2009 geplanten „This Is It“-Tournee.

Juni 2010. Das noble Beverly Hilton Hotel in Beverly Hills. Am Hotelpool bin ich mit Frank DiLeo verabredet. Er will mir über seine Zeit mit Michael berichten. Überpünktlich ist er da, trägt ein blütenweißes Hemd, dunkle Sonnenbrille, im Mundwinkel die obligatorische (unangezündete) Zigarre. Er sieht aus wie straight einem Mafiafilm entsprungen: 1,57 m groß, bullig, kahlköpfig, Goldkettchen und Pinkie-Ring. Kein Wunder, dass Martin Scorsese ihn 1990 für die Rolle des Tuddy Cicero in seinem Gangster-Epos „GoodFellas“ engagierte. Frank hat eine Geht-nicht-gibt's-nicht-Attitüde, er ist ein „Enabler“, ein Ermöglicher. Das war schon so, als er in den 1970ern als Plattenpromoter bei diversen Plattenfirmen arbeitete. Michaels früherer Plattenboss Walter Yetnikoff von CBS Records bezeichnete DiLeo einst als *human cannonball*, als menschliche Kanonenkugel, weil er so kompakt, schlagkräftig und durchsetzungsfähig war. DiLeo beriet MJ nicht nur, er beschützte ihn. Im September 1984 zog er gar nach Encino, ganz in die Nähe von Michaels Elternhaus, um seinem neuen Schützling, den er jetzt managte, näher zu sein. DiLeo war immer da, wenn MJ ihn brauchte. Auch am Schluss wieder. MJ wusste das zu schätzen. Aus Dankbarkeit für den Megaerfolg von „Thriller“ schenkte er Frank einst einen schwarzen Rolls Royce Sedan mit dem Kennzeichen: „THANXMJJ“!

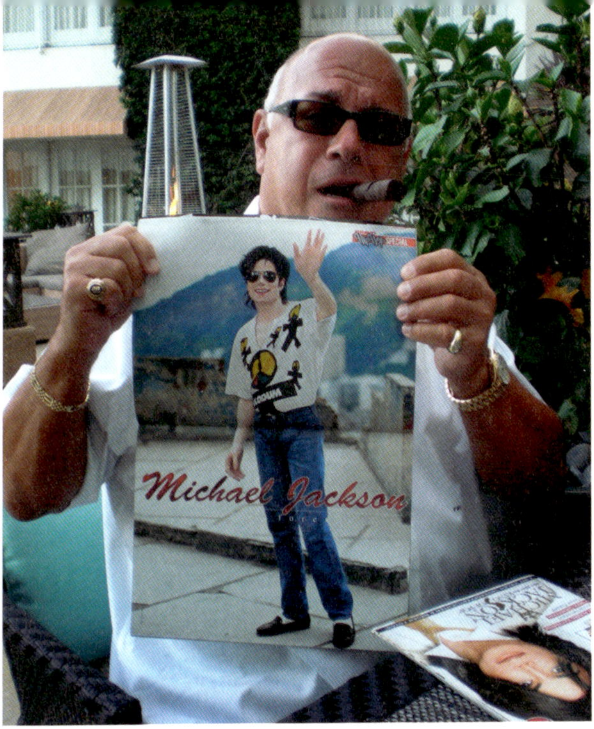

Mr. DiLeo, kaum einer war näher an Michael Jackson dran als Sie. Was ist Ihre schönste Erinnerung?

„Jeder Tag mit Michael war ein Abenteuer. Ich hatte so viel Spaß mit ihm, es fühlte sich nie wie Arbeit an. Immer wieder kam er mit verrückten Ideen daher, und ich sollte sie umsetzen."

Zum Beispiel?

„Auf der ‚Bad'-Welttournee, die ich ja organisiert hatte, wollte Michael beim Showfinale mit einem richtigen Düsenjet (!) quer durch die Arena fliegen. Dabei sollten Hunderte MJ-Puppen mit Fallschirmen abgeworfen werden. Ich habe versucht, das zu realisieren, aber es war zu aufwendig. Also musste ich mir was anderes einfallen lassen ..."

Den „Flying Man"!

„Genau. Nach der letzten Zugabe ‚Man In The Mirror' flog Michael in Astronautenanzug und Helm aus dem Stadion. In Wahrheit steckte da natürlich ein Stuntman drin. Aber viele Fans glaubten, es sei Michael. Diese kleine Showeinlage kostete pro Show eine Million Dollar! Aus diesem Grund hat MJ bei der ‚Bad'-Tour nicht so viel Geld verdient."

Sie haben MJ von 1984 bis 1989 gemanagt. Wie war es, mit ihm zusammen zu sein?

„Großartig. Michael war ein sehr angenehmer Mensch. Wir haben fast jeden Tag mit einem ausgiebigen Frühstück begonnen, meist gegen Mittag, und dabei besprochen, was ansteht. MJ war so kreativ, voller Ideen und Energie. Er war einfach unglaublich. Und eine große Herausforderung für mich."

Wie kam es denn zu Ihrer Zusammenarbeit?

„Ende der Siebziger arbeitete ich als Promotionchef bei CBS/ Epic Records in New York, der Plattenfirma, bei der Michael unter Vertrag stand. Was viele nicht wissen: Ich war es, der damals ‚99 Red Balloons' von Nena zum Riesenhit in den USA machte. Als Ende 1982 Michaels Album ‚Thriller' erschien, war ich für die Promotion zuständig. Ich setzte dafür alle Hebel in Bewegung. Mit Erfolg. MJ mochte mich auf Anhieb. Im März 1984 fragte er mich, ob ich sein Manager sein wolle. Das war im Beverly Hills Hotel. Ich sagte ohne zu zögern zu."

Was waren Ihre größten Erfolge mit Michael Jackson?

„Auch wenn es unbescheiden klingen mag: Alles, was wir anpackten, wurde ein Erfolg. Das ‚Bad'-Album mit fünf US-Nr.-1-Singles. Die weltweit ausverkaufte ‚Bad'-Tournee mit 123 Konzerten auf vier Kontinenten. Der autobiografische Film ‚Moonwalker', zu dem ich mit MJ das Drehbuch schrieb. Die Videoclips ‚Smooth Criminal' und ‚Leave Me Alone', bei denen ich am Script mitschrieb. Wir wurden damals mit Grammys und Platin-Awards nur so überhäuft."

Warum trennte sich MJ nach der „Bad"-Tour von Ihnen?

„Es gab keinen triftigen Grund. Ich nahm es hin und war nicht sauer. Ich wusste, dass er einige Anwälte um sich hatte, die ihm fiese Dinge ins Ohr flüsterten wie ‚Trenn dich von DiLeo und nimm Sandy Gallin als Manager, der wird es dir ermöglichen, in Hollywood Filme zu drehen.' Das war ja MJs größter Traum. Aber den einzigen Hollywood-Film drehte er mit mir: ‚Moonwalker' ..."

In „Moonwalker" spielte Joe Pesci mit, der beste Kino-Gangster, bekannt aus Filmen wie „GoodFellas" und „Casino" ...

„Joe war ein guter Freund von mir. Michael wollte erst nicht, dass Pesci die Rolle bekommt. Er war ihm zu unbekannt. Ich setzte mich jedoch für ihn ein und Jahre später, als er in den ‚Kevin allein zu Haus'-Filmen mitwirkte, war Michael ganz stolz und erzählte jedem von seinem Freund Joe Pesci."

Wie kam es dazu, dass Sie wiederum neben Pesci, Robert DeNiro und Ray Liotta in „GoodFellas" mitspielten?

„1987 drehten wir mit Regisseur Martin Scorsese den siebzehnminütigen Videoclip, besser Kurzfilm, zu ‚Bad' in einer U-Bahn-Station in Brooklyn, New York. Als mich Marty mit meiner Zigarre sah, meinte er, er würde mir eine Rolle in seinem nächsten Film ‚Wise Guys' geben, so sollte ‚GoodFellas' zunächst heißen. Ich dachte, der große Meister will mich verarschen. Ich bin ja kein Schauspieler. Doch Marty meinte es ernst. Und so kam ich an die Rolle des Tuddy Cicero, dem Bruder des Bosses Big Paulie Cicero, gespielt von Paul Sorvino."

Man hört, dass Sie auch im wahren Leben mit Mafiagrößen wie Carlo Gambino und John Gotti zusammenkamen.

„Sagen wir es so: Ich habe in meinem Leben mehr Menschen kennengelernt als unbedingt nötig ..."

Zurück zum „King of Pop": Es gab sicher auch lustige Momente.

„Jede Menge. Meistens waren seine Tiere involviert, Affe Bubbles oder die Boa Muscles. Ich erinnere mich an ein Dinner in Michaels Elternhaus. Es war eine illustre Runde mit Michael, mir, Marlon Brando, Robert DeNiro und Joe Pesci. Plötzlich stürmte

Bubbles ins Zimmer und sprang mit einem Satz den völlig verdutzten Marlon Brando an, der damals extrem übergewichtig war. Michael war richtig sauer, dass Bubbles nicht zu ihm kam. Aber Affen suchen instinktiv immer den Größten und Mächtigsten im Raum. Das war nun mal eindeutig Marlon."

Es soll auch witzige Business-Meetings gegeben haben!

„Und ob. Da war eine Besprechung mit wichtigen Managern von Pepsi Cola in einem Hotel in Indianapolis. Pepsi war Hauptsponsor der ‚Bad'-Tournee. Wir redeten über wichtige Vertragsdetails, als plötzlich aus dem Nichts Pflaumen und Äpfel wie Geschosse an unseren Köpfen vorbeizischten. Sie stammten von einem Früchteteller. Wir drehten uns um, und wer war der Übeltäter? Natürlich Bubbles, wer sonst? Michael kriegte sich gar nicht mehr ein vor Lachen, aber die humorlosen Pepsi-Manager waren nicht amüsiert. Der Deal klappte trotzdem."

2009 holte Sie MJ zurück als Berater für „This Is It" ...

„Michael hatte sich daran erinnert, dass zu unseren Zeiten immer alles glattlief. Wir hielten Kontakt. Als er in Santa Maria, Kalifornien, vor Gericht stand, bin ich auf eigene Kosten hingereist und war dreieinhalb Monate bei jeder Verhandlung dabei, um Michael zu unterstützen, obwohl ich gar nicht sein Manager war. Das hat er mir nicht vergessen. Danach wollte er mit ‚This Is It' ein großes Comeback feiern – und besonders seinen drei Kids eine perfekte Show zeigen, denn sie hatten ihren Daddy ja noch nie auf der Bühne erlebt. Und da war ich wieder im Boot."

Hätten die 50 „This Is It"-Konzerte in London Michael nicht körperlich überfordert?

„Es gibt da ein großes Missverständnis. Es war ja Michael, der unbedingt 50 Shows machen wollte. Nachdem ihm mitgeteilt wurde, dass die zehn geplanten Shows im Nu ausverkauft waren, kam er eines Morgens zu mir und fragte: Was ist der Weltrekord an ausverkauften Shows? Ich antwortete: Den hält Prince, 25! Darauf MJ: Ich möchte 50 Konzerte machen! Er war extrem ehrgeizig. Und wären die Konzerte gut gelaufen, hätten wir weitere ‚This Is It'-Shows gebucht – in Japan, Frankreich und Deutschland. Das war unser geheimer Plan! Michael gab damals mir gegenüber zu, dass er finanzielle Probleme hatte. Und je mehr Shows, desto mehr Geld konnte er verdienen. Das wäre wie ein Licht am Ende des Tunnels für ihn gewesen."

Dazu kam es nicht mehr. Am 25. Juni 2009 verstarb Michael.

„Was für ein Verlust! Ich war damals der Erste, der an seinem Totenbett im Hospital stand. Es war furchtbar."

Wie behalten Sie Michael Jackson in Erinnerung?

„Als den ‚King of Pop', den größten und einzigartigsten Entertainer, der je gelebt hat. Niemals wird es wieder einen so begnadeten Künstler geben. Ich werde Michael nicht als Klienten in Erinnerung behalten, sondern als meinen lieben Freund."

Am 24. August 2011, ein Jahr nach diesem Interview, verstarb Frank DiLeo in North Lima, Ohio, an Komplikationen nach einer Herz-Operation. Er wurde 63 Jahre alt.

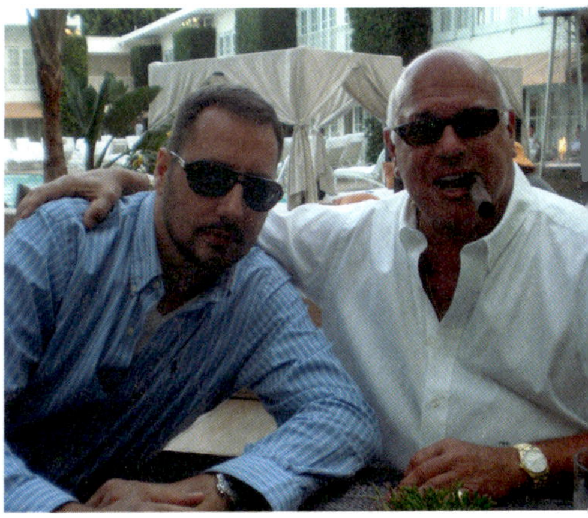

Bei Mama Jackson

Im Juni 2010, ein Jahr nach Michaels Tod, kommt es in Calabasas, Kalifornien, zu einem emotionalen Treffen: Ich bin verabredet mit Katherine Jackson, seiner geliebten Mutter.

Am 25. Juni 2009 verstirbt MJ tragisch an einer Überdosis Propofol. Um seiner zu gedenken, starten wir bei BRAVO die längste Serie der Geschichte des Magazins: 52 Wochen lang wird mit einer Story an MJs Leben und Schaffen erinnert. Doch bei der Otto-Wahl 2009 ist man sich nicht einig, ob er als toter Sänger nominiert werden soll. Ich plädiere dafür. Und tatsächlich wird MJ posthum von rund 100.000 Leserinnen und Lesern zum „beliebtesten Sänger des Jahres" gewählt. Doch was nun? Wem soll man die goldene Trophäe, die Michael so gut gefallen hat, überreichen? Seine Kinder sind uns für PR-Zwecke tabu, Janet, seine Lieblingsschwester, käme in Frage, doch bei ihr herrscht damals Funkstille. Die Lösung: Mama Jackson! Dank der Hilfe von Frank Cascio, Michaels langjährigem Freund und Weggefährten, gelingt ein Treffen. Eine echte Sensation, denn Katherine Jackson machte sich in der Öffentlichkeit stets rar.

Juni 2010. Genau ein Jahr ist seit Michaels tragischem Tod vergangen, als ich sie in Calabasas bei Los Angeles besuchen darf, im Gepäck Michaels letzten Gold-Otto. Mrs. Jackson lebt zu jener Zeit in der luxuriösen Villa eines befreundeten TV-Produzenten, weil der Familiensitz in Encino, nur wenige Kilometer entfernt, renoviert wird. Katherine Esther Jackson, mittlerweile 80 Jahre alt, trägt einen eleganten türkisfarbenen Hosenanzug, als sie mich freundlich begrüßt und ins Haus bittet. Ich treffe erstmals die Mutter des „King of Pop" – die Frau, die auch in seinen schwersten Stunden immer an seiner Seite war –, um ihr den Gold-Otto zu überreichen, den sie gerührt entgegennimmt und sich bei allen Fans bedankt. Man weiß: Michael liebte seine Mutter abgöttisch und vertraute ihr alles an. Normalerweise emp-

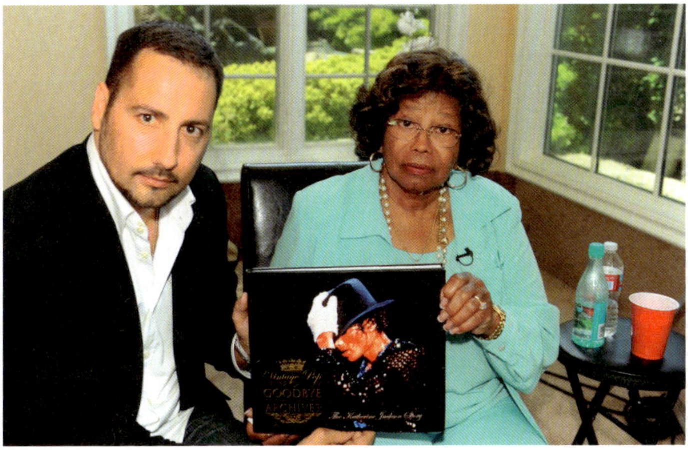

fängt Katherine Jackson keine Journalisten. „Für BRAVO mache ich eine Ausnahme, weil ihr immer fair zu meinem Sohn wart", sagt sie. „Vielen war nicht bewusst, wie wunderbar Michael war, einer der nettesten, liebevollsten Menschen. Und er hatte so viel zu geben. Leider gab es auch Menschen, die ihn zerstören wollten. Ich weiß nicht, warum." Ein Jahr nach dem tragischen Tod ihres Sohnes wirkt sie noch immer tieftraurig. Ich habe ihr einige BRAVO-Ausgaben mit Storys über MJ mitgebracht und Fotos. Sie betrachtet die Bilder, die einen glücklichen Michael zeigen – und fängt plötzlich an, leise zu weinen. „Mein Michael fehlt mir jeden Tag", sagt sie, „und seinen Kindern natürlich auch." Mit einem Taschentuch tupft sie sich die Tränen aus dem Gesicht. Ich halte ihre Hand. „Ich gebe mein Bestes, dass die drei so normal und unbeschwert aufwachsen können wie eben möglich." Ich frage Mrs. Jackson, die mittlerweile von Ehemann Joe getrennt lebt, wie sie Michael in Erinnerung hat. „Ich sehe ihn ständig als kleinen Jungen vor mir, mit seinem typischen Lächeln", antwortet sie. „Michael war ganz anders, als er in den Medien beschrieben wurde. Er hatte ein Herz voller Liebe und immer nur gute Absichten." Mich interessiert, ob sie sich zur Zeit seine Lieder anhören kann. „Ja, ich mag all seine Songs, besonders die

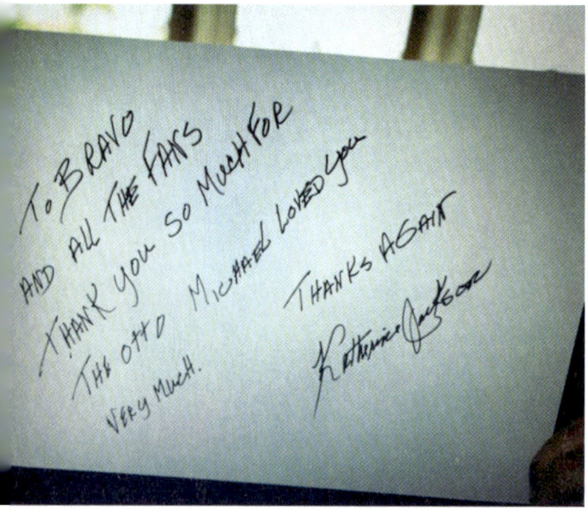

mit positiven Botschaften wie ‚Man In The Mirror', ‚Heal The World' oder ‚Man Of War', ein Antikriegslied vom Jacksons-Album ‚Goin' Places'." Katherine Jackson begleitete Michael oft auf seinen Tourneen – und sie wäre natürlich auch nach London gereist, um „This Is It" zu erleben: „Ich war, bin und bleibe wohl sein größter Fan!" Ich berichte Mrs. Jackson von den Fans in Deutschland, die ihren Sohn nicht vergessen haben, und zeige ihr Bilder vom Jackson-Denkmal vor dem Hotel Bayerischer Hof in München, in dem er oft und gern übernachtete. „Das ist wirklich rührend", meint sie. „Michael hat seine Fans über alles geliebt. Ihre Liebe und Zuneigung nahm er nie als selbstverständlich an. Zu wissen, dass sie zu ihm stehen, gab ihm Kraft!" Ihr Blick fällt auf den Goldenen Otto, den MJ zu Lebzeiten zehnmal als beliebtester Sänger gewonnen hat. Ich erzähle ihr, dass er sich bei jeder Überreichung gefreut hat, als sei es sein erster Preis. „Es tut gut zu wissen, dass man meinen Michael nicht vergessen hat", sagt Katherine und schreibt den Fans eine Grußbotschaft, die von Herzen kommt: *„Michael loved you very much!"*

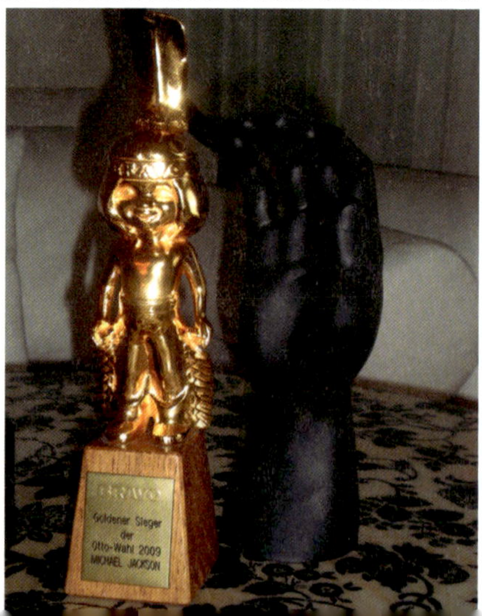

MJ-History-Quiz

1. Der ursprüngliche Titel von „Thriller" war ...

a) Starlight
b) Daylight
c) Moonlight

2. Wer entdeckte Michael und die Jackson 5?

a) Bobby Taylor
b) Stevie Wonder
c) Diana Ross

3. Bei welcher Plattenfirma erschien 1968 die allererste Jackson-5-Single „Big Boy"?

a) Motown Records
b) Epic Records
c) Steeltown Records

4. Welcher Song war als Duett mit Prince geplant?

a) Scream
b) The Girl Is Mine
c) Bad

5. In welchem „Bad"-Titel ist Michaels Herzschlag zu hören, im Studio aufgenommen von Dr. Eric Chevlen?

a) Liberian Girl
b) The Way You Make Me Feel
c) Smooth Criminal

6. Wie nannte Michael seine Boa?

a) Brussels
b) Muscles
c) Mussels

7. Wie ernährte sich der „King of Pop" überwiegend?

a) vegetarisch
b) pescetarisch
c) vegan

8. Welcher große Operntenor sollte beim Benefiz-Konzert „Michael Jackson & Friends" 1999 auftreten?

a) Plácido Domingo
b) Luciano Pavarotti
c) José Carreras

9. Wessen Leben plante Michael einst zu verfilmen?

a) Walt Disney
b) Fred Astaire
c) Edgar Allan Poe

10. Welchen Song veröffentlichte MJ als Charity-Single für die Opfer von „9/11“?

a) Heal The World
b) What More Can I Give
c) Someone Put Your Hand Out

11. Woher stammte der Name Neverland? Aus ...

a) Robinson Crusoe
b) Mickey Mouse
c) Peter Pan

12. Michael liebte Sonnenblumen. Wie nannte er sie?

a) Sunny Flowers
b) Funny Flowers
c) Happy Flowers

13. Welche US-Präsidenten empfingen MJ während ihrer Amtszeit?

a) Reagan, Bush Sr., Clinton
b) Ford, Carter, Reagan
c) Bush Jr., Clinton, Obama

14. The Game, Usher, P. Diddy, Chris Brown u. a. widmeten MJ posthum welches Lied?

a) I'll Be Missing You
b) Better On The Other Side
c) We Owe You

15. Was war kein Nickname für Michael?

a) Applehead
b) Doo Doo
c) Moo Moo

16. Wo fand Michael seine letzte Ruhe?

a) Hollywood Forever Cemetery
b) Forest Lawn Memorial Park Glendale
c) Mount Sinai Memorial Park Cemetery, Hollywood

Quiz-Lösungen

1a, 2a, 3c, 4c, 5c, 6b, 7a, 8b, 9c, 10b, 11c, 12c, 13a, 14b, 15c, 16b

MJ – in seinen Worten

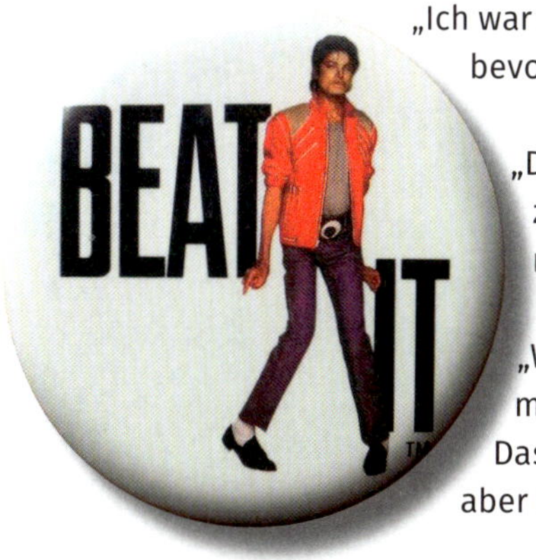

„Ich war ein Veteran im Showbusiness, bevor ich ein Teenager war."

„Die Bühne ist mein Wohnzimmer, nur dort fühle ich mich wirklich sicher!"

„Wenn man berühmt ist, wird man von Menschen angestarrt. Das ist vielleicht verständlich – aber nicht immer leicht zu ertragen."

„Ich liebe es, Grenzen zu erweitern. Mehr zu schaffen, als ich mir zugetraut habe, ist ein großartiges Gefühl."

„Ich nehme die Kunst sehr ernst.
Ich bin wie ein Instrument, durch das die Musik fließt!"

„Ich bin nie mit etwas zufrieden.
Ich bin ein Perfektionist. Das ist meine Natur!"

„Ich liebe ‚E.T.' – jemand, der aus einer anderen Welt kommt und hier Freunde findet!"

„In einer Welt voller Hass müssen wir uns trauen, Hoffnung zu haben! In einer Welt voller Verzweiflung müssen wir uns trauen zu träumen. In einer Welt voller Misstrauen müssen wir uns trauen zu glauben!"

„Lügen mögen den Sprint gewinnen, aber die Wahrheit gewinnt den Marathon!"